Estrategias para hacer carrera

COLECCIÓN LA LLAVE DE SU ÉXITO

A pesar de haber puesto el máximo cuidado en la redacción de esta obra, el autor o el editor no pueden en modo alguno responsabilizarse por las informaciones (fórmulas, recetas, técnicas, etc.) vertidas en el texto. Se aconseja, en el caso de problemas específicos —a menudo únicos— de cada lector en particular, que se consulte con una persona cualificada para obtener las informaciones más completas, más exactas y lo más actualizadas posible. EDITORIAL DE VECCHI, S. A. U.

© De Vecchi Ediciones 2022
© [2022] Confidential Concepts International Ltd., Ireland
Subsidiary company of Confidential Concepts Inc, USA
ISBN: 978-1-63919-443-8

Nicoletta Piccardo

ESTRATEGIAS PARA HACER CARRERA

De Vecchi

DVE Ediciones

Como confirmación de que el resultado de cualquier trabajo es fruto, antes que de capacidades individuales, del afecto, la ayuda y la inteligencia de otros seres humanos, quisiera agradecer: a Anna, su colaboración, a Enrico, su paciencia, a Carlo, su entusiasmo, a Giacomo y Pupa, su tenacidad, a Rosi, su amistad, y a todos aquellos que han querido hacerme partícipes de sus experiencias profesionales.

Proyecto gráfico de la cubierta: Barbara y Monica

A Giorgio, mi mejor trabajo

1

Introducción

¿QUÉ SIGNIFICA HACER CARRERA?

Cuando se habla de *carrera*, nuestra fantasía corre hacia el joven *manager* que sale en las revistas y el hombre público del que hablan, para bien y para mal, los periódicos y la televisión. Sin embargo, todos aquellos que trabajan tienen o hacen una carrera. Pero ¿qué quiere decir *hacer carrera*?

La joven mecanógrafa que asciende a secretaria del director hace carrera; el funcionario que, gracias a su antigüedad, logra un aumento de sueldo, hace carrera; el contable que consigue que la empresa en la que trabaja le compre un ordenador hace carrera. Hacer carrera, por lo tanto, significa muchas cosas, entre las que se cuentan:

• Conseguir mayor responsabilidad y autonomía.

• Lograr un aumento de sueldo o ascender de categoría.

• Obtener nuevos instrumentos que faciliten el trabajo.

Hacer carrera significa, en síntesis: **obtener y conquistar lo que a nosotros, particularmente, más nos interesa en nuestro trabajo, lo cual supone satisfacer las motivaciones que nos empujan a trabajar. Hacer carrera no quiere decir lo mismo para todos.**

Cabe, pues, plantear una primera reflexión: ¿Por qué trabajo o deseo trabajar?

Los jóvenes que entran en el mundo del trabajo tienen por lo general dos intereses: la retribución, y, por lo tanto, la independencia de la familia, y la «realización», esto es, encontrar un trabajo gratificante y que proporcione una cierta tranquilidad económica. Las personas que ya trabajan desean, comúnmente, una retribución más elevada, un ambiente laboral favorable y un trabajo en sí mismo más interesante.

Los elementos sobre los cuales deben valorarse las propias aspiraciones de carrera, ya sea cuando se emprende por primera vez o bien cuando ya se está trabajando, son los siguientes:

— Una remuneración elevada.
— Un trabajo interesante.
— Un ambiente laboral favorable.
— Flexibilidad de horario.
— Facilidad de acceso al puesto de trabajo.
— Posibilidad de asumir progresivamente una mayor autonomía y responsabilidad.

Analicemos estos elementos uno a uno.

UNA RETRIBUCIÓN ELEVADA

El sueldo que uno percibe es por sí mismo un índice de capacidad, experiencia y éxito profesional. En algunos casos, la retribución puede, en cambio, resultar independiente de tales factores. Una persona que tenga un contrato de trabajo temporal (generalmente, un año) en calidad de intérprete de lenguas extranjeras en un organismo de cooperación internacional (UNESCO, UNICEF, ONU) puede, a título de ejemplo, ganar poco más que un colega contratado con la misma cualificación profesional en una empresa española. Evidentemente, el sueldo no es, en este caso, un sinónimo de una mejor carrera, sino de la mayor atención prestada por la primera persona en la búsqueda de una empresa, en perjuicio de la seguridad (concluido el contrato, tendrá que volver a buscar una ocupación).

De la misma manera, un joven que entra en el mundo del periodismo deberá pasar entre dos y cinco años trabajando como *free-lance* y ganando un *forfait* (en algunos casos, bastante modesto) por cada artículo publicado, antes de ser admitido en la redacción de un diario. De estos dos ejemplos se desprende con claridad que el sueldo no es automáticamente un índice de carrera y de éxito (quizá le será más fácil hacer carrera al periodista que al intérprete de lenguas extranjeras).

Hablando de retribución, por lo tanto, es preciso tener presentes algunos aspectos relacionados con ella.

- La retribución de los colegas, de los subordinados y de los superiores, dentro de un ámbito profesional específico.

- Las perspectivas de aumento de sueldo típicas del sector y de la tipología de una empresa determinada.

- El convenio colectivo relativo a la actual o a la futura ocupación (¿cuántos han leído el propio convenio colectivo antes de ser admitidos?).

Y, en suma, el elemento esencial; cabe preguntarse: **¿cuánto quiero ganar en el período de los próximos tres, cinco y diez años?**

Sólo conociendo perfectamente todos estos elementos podrá planificars el propio éxito. Se equivoca quien dice: «Gano demasiado poco»; hay que estar en situación de especificar respecto a qué y a quién.

UN TRABAJO INTERESANTE

Ningún trabajo es interesante en sí mismo; ningún trabajo es bueno. Unos lo son en relación a las propias actitudes y aspiraciones; otros, respecto a una cierta imagen que les rodea. La actividad de relaciones públicas es, aparentemente, una de las más agradables: cenas, congresos, «gente guapa». En realidad, desempeñado como una profesión, es uno de los trabajos más fatigosos, incluso en un sentido físico, que existen. Imagínese tener que comer y cenar en un restaurante cuatro de cada cinco días, a menudo con personas no precisamente muy simpáticas, con las que hay que sostener, a pesar de todo, una conversación, quizás en una lengua extranjera; aún más, organizar alguna cosa (un congreso, por ejemplo), sabiendo que, al menor error, se arriesga a quedarse sin trabajo y con muchos enemigos... Intente imaginarse todo esto y entenderá si realmente se trata de un trabajo tan interesante como parece.

La única regla para saber si un trabajo es realmente interesante consiste en **conocer las propias capacidades (qué es lo que sé hacer); conocerse a sí mismo (quién soy); conocer las propias potencialidades (¿qué puedo aprender?).**

Evidentemente que no es una tarea fácil, pero, con todo, es preciso intentarlo para no encontrarse finalmente con una gran desilusión.

Los próximos capítulos están dedicados a profundizar estos temas, fundamentales sobre todo para quien busca su primer trabajo.

UN AMBIENTE DE TRABAJO AGRADABLE

A diferencia de lo que ocurre en nuestra propia habitación, la oficina ya está amueblada y, sobre todo, habitada. Trabajar es como hacer un viaje organizado por otros; la ocmpañía es casual. Si interesa un ambiente de trabajo agradable, ya sea desde el punto de vista estrictametne físico (mobiliario, etc.) como desde el punto de vista de las personas, es necesario escoger el mejor *tour operador*.

Las empresas no han dedicado en el pasado demasiada atención a los aspectos «ergonómicos» (esto es, al equilibrio entre el hombre y los objetos en el ambiente de trabajo) ni a la relación que podía darse entre las personas en su puesto de trabajo: hoy en día las cosas han cambiado mucho.

A la pregunta «¿Qué es lo que más le importa en su puesto de trabajo?», las personas que ya han trabajado antes contestan invariablemente «El ambiente». Sí, en consecuencia, se aprecia la importancia de este aspecto, deberá realizarse una investigación atenta, incluso entrevistando a personas que hayan trabajado antes en esa empresa (conserjes y ujieres, sobre todo) antes de aceptar una oferta de trabajo; de otro modo, se correrá el riesgo de encontrarse en un transbordador antes que en un crucero, o viceversa (lo cual puede resultar muy fastidioso). Cabe recordar, con todo, que sólo el director general de una empresa puede amueblar la oficina a su entera discreción y elegir sus propios colaboradores. Para todos los demás, puede aplicarse el viejo proverbio «Hay que conformarse con lo que pasa en el convento», con el subsiguiente riesgo de padecer eventuales intoxicaciones.

FLEXIBILIDAD DE HORARIO

La flexibilidad de horario es uno de los aspectos en los que la España productiva ha quedado más retrasada respecto a los demás países europeos.

Las fórmulas como el trabajo temporal (el denominado trabajo interino, formado por la sucesión de períodos de trabajo a tiempo completo y períodos sin trabajo) o el *time sharing* (división del trabajo a tiempo completo entre dos o más personas que se organizan entre ellas, compartiendo incluso la retribución) se adoptan sólo en casos aislados, ya sea por motivos legales (no existe una normativa precisa al respecto) o por motivos propiamente organizativos.

Actualmente, se vienen aplicando en España sólo las fórmulas de *part-time* (en general, concedido únicamente a las mujeres que lo solicitan con motivo del nacimiento de un hijo) y la flexibilidad de horario en la llegada al puesto de trabajo (entre las 8 y las 9 de la mañana, y las 2 y las 3 de la tarde).

Excepto estas dos fórmulas, sólo aplicadas en algunos casos, a quien desee una mayor flexibilidad de horario sólo le queda la opción de desempeñar una profesión que, por su propia naturaleza, admita una organización autónoma de la jornada de trabajo: por ejemplo, agente de comercio o representante, traductor, escaparatista o algunas otras que se analizarán a continuación.

El único «consuelo» que queda ante este panorama, no muy favorable a los partidarios del trabajo flexible, son las directivas de la Comunidad Europea relativas a las nuevas fórmulas de trabajo, que deberán adoptarse en breve incluso en España.

LA POSIBILIDAD DE ASUMIR PROGRESIVAMENTE MAYOR AUTONOMÍA Y RESPONSABILIDAD

Este tema relacionado con la carrera es también el más difícil. Está vinculado sustancialmente a:

• Capacidad y conocimientos del individuo. (Si sé hacer muy bien mi trabajo, o bien conseguiré una mayor autonomía y responsabilidad dentro de mi propia empresa, o bien siempre habrá otra empresa que estará dispuesta a concedérmelas.)

• Progresiva capacidad de gestionar y organizar el trabajo de otros. Dado que la persona es actualmente el «recurso» más importante (porque resula, también, la más costosa) las empresas están interesadas en que cada cual, haciendo carrera, sepa asumir incluso la responsabilidad del trabajo de otras personas.

• Capacidad (intuición, astucia y, en algunos casos, oportunismo) de ganarse al superior que nos permitirá seguir una determinada carrera. Aunque no es aconsejable apoyarse en superiores que no susciten una estima real, siempre es muy importante (incluso porque es muy difícl permanecer neutral) elegir alguno que nos conduzca sobre su estela. Si, llegado el momento, esta persona debe asumir funciones más importantes, resulta verosímil que el espacio que deje vacante se le confíe a su protegido (sin olvidar, con todo, que su defenestración puede también significar la nuestra). De todas formas, al tratarse de una cuestión tan delicada, incluso por los aspectos morales que implica, no puede admitirse neutralidad alguna en la empresa. Ya que, normalmente, los compañeros nos juzgarán partidarios de uno u otro bando, será mejor reservarse el privilegio de elegir.

EL PUESTO IDEAL

En la búsqueda del puesto ideal, es decir, del trabajo que nos permita hacer carrera, hay que proceder por fases sucesivas.

1. Definir en cuál de los seis aspectos (retribución elevada, trabajo interesante, ambiente de trabajo favorable, flexibilidad de horario, facilidad de acceso al lugar de trabajo, posibilidad de asumir progresivamente mayor autonomía y responsabilidad) más nos interesa en el arco de los próximos 3 años. (Elegir un solo aspecto.)

2. Definir una estrategia de venta de uno mismo. Buscar el puesto ideal significa buscar el mejor comprador. El mercado de trabajo es un mercado en sentido estricto: hay alguien que vende (quien busca trabajo), alguien que compra (la empresa) y la competencia (los demás). Aunque puede parecer un tanto brutal, hay que razonar exactamente de esta manera y ¡vencer a la competencia! En la definición de esta estrategia, cabe:

    a) realizar un proyecto profesional personal;
    b) confeccionar un currículum vitae eficaz;
    c) autoproponerse a las empresas que resulten atractivas (más adelante veremos cómo hacerlo);
    d) responder a los anuncios de demanda de empleo adecuados al propio perfil profesional;
    e) utilizar al máximo las relaciones personales derivadas del propio ambiente (familia, amigos, etc.);
    f) planificar hasta el último detalle las entrevistas de selección a las que seamos convocados;
    g) emplear la imaginación para encontrar soluciones alternativas.

3. Explotar todas las oportunidades favorables, incluidas las experiencias en el extranjero.

En las páginas siguientes, que se dedicarán a estos temas, se analizará con detalle cada uno de los puntos precedentes, insistiendo especialmente en los aspectos prácticos: ¿Cómo actuar? ¿A quién dirigirse? ¿Cómo se las han arreglado los demás?

CÓMO HACER CARRERA

Quien ya tiene una ocupación y desea hacer carrera en un determinado sector dentro de su propia empresa, sabe cuál es el objetivo que quiere conseguir. Puede tratarse del puesto que ocupa otra persona, o un determinado tipo de tarea y la responsabilidad y autonomía que la acompañan, o simplemente de un espacio tranquilo en el que no verse sorprendido por encargos especiales o acumular demasiado estrés.

Como ya se ha dicho, **la carrera está en relación únicamente con los objetivos que cada cual se plantea.**

La idea de la carrera está asociada a otro tema, demasiado largo y complejo para tratarlo en estas páginas, que es el de la felicidad. Los tiempos modernos pretenden hacer creer que el dinero es sinónimo de felicidad, de lo cual parece deducirse que sólo «hace carrera» quien gana mucho dinero. Antes de abordar el análisis de los remedios para encontrar el puesto ideal y de las estrategias para hacer carrera, es conveniente liberarse de este perjuicio. Como dice el viejo refrán «El dinero no da la felicidad... pero ayuda a conseguirla», el aspecto retributivo es sólo uno de los muchos que conforman la carrera, aunque no ciertamente el único.

Al igual que ocurre con la búsqueda del puesto ideal por parte de un joven que no ha trabajado anteriormente, aquellos que pretendan programar su propia carrera tras haber madurado en su experiencia laboral, deben partir de las respuestas a estas preguntas: «¿Quién soy? ¿Qué sé hacer? ¿Qué puedo aprender?» Una tríada de preguntas con las que cabe enfrentarse a lo largo de toda la vida profesional.

Más allá del aspecto personal implícito en la valoración de los propios deseos, capacidades y objetivos profesionales, cabe considerar aún otro aspecto: **trabajar es un hecho social,** lo cual implica una vasta red de relaciones interpersonales en una tesitura diferente a las que cultivamos fuera del trabajo. Una de las cosas más difíciles de entender por los jóvenes que entran por primera vez en el mundo del trabajo es que las relaciones de trabajo, por muy gratas que sean, difícilmente derivan en relaciones de amistad. Quien ya tiene cierta experiencia laboral, en cambio, sabe que las relaciones interpersonales deben llevarse con extrema atención y cautela.

Quien ha obtenido el éxito deseado es, generalmente, quien mejor ha administrado sus relaciones con los superiores, colegas y subalternos. Para triunfar en este sentido, con mucho la operación más difícil en el interior de la oficina, hay que:

1. Observar atentamente el comportamiento de los demás, sin dejarse por ello influir por unas simpatías o antipatías que pueden ser meramente viscerales.

2. Buscar siempre las causas de ese comportamiento: preguntarse en todo momento por las causas que han llevado a tal persona a adoptar una actitud determinada y no otra.

3. Tener claro los compromisos que estamos dispuestos a aceptar, tanto por parte nuestra como de los demás. Esto implica aplicar un código moral rígido y no dejarse influir por situaciones de desorden organizativo, por otro lado frecuentes en todas las empresas, con la consiguiente formación de grupos de poder enfrentados entre sí. Cabe precisar que esta situación no se da únicamente en la cúpula dirigente de una empresa, sino también, y con la misma frecuencia, entre los subordinados.

4. No juzgar jamás a nadie en cuanto persona, sino únicamente en función del puesto que ocupa en la empresa y, por lo tanto, en relación a las consecuencias que su comportamiento, en apariencia negativo, puede tener sobre el trabajo de otros. En este sentido, se podrán solicitar aclaraciones a los superiores, expresándose libremente. No es en absoluto recomendable, en cambio, referirse a temas que no se incluyan en la esfera puramente profesional.

5. Buscar aliados: seleccionar, pues, personas similares del mismo grado o de grado superior con las que compartamos carácter, modo de trabajar o bien valores vitales, puesto que siempre estarán dispuestas a ayudarnos en los momentos difíciles. No hacer alianzas por puro afán oportunista: el comportamiento oportunista reclama personas de igual talante, que serán nuestros aliados sólo mientras tengamos algo que ofrecerles a cambio. En el momento en que ya no nos fuera posible, se transformarían en nuestros peores ene- migos.

6. Cuidar siempre al máximo el trato con nuestros inmediatos inferiores en la escala jerárquica (¡siempre hay alguien!). Para hacer carrera también es necesario contar con su apoyo.

7. Comportarse normalmente. Es inútil fingir y adoptar un comportamiento no espontáneo, si bien es necesario, evidentemente, asumir un cierto estilo empresarial (indumentaria, horario, reglas, etc.). Es inútil intentar seguir al dedillo el «Decálogo de Spark» para el joven ejecutivo si uno se siente verdaderamente llamado a ello. Leyéndolo con detalle, resulta difícil creer que sea el mejor modo de hacer carrera.

1. Intenta parecer terriblemente importante.

2. Hazte ver en todo momento con la gente que cuenta.

3. Habla con autoridad, pero sólo de hechos obvios y comprobados.

4. No entres nunca en discusiones; si ya estás dentro, haz una pregunta irrelevante, arrellánate en el respaldo de la silla con una mueca de satisfacción y, mientras los demás tratan de comprender lo que está sucediendo, cambia de tema.

5. Escucha atentamente mientras los demás discuten, y después, húndelos con una frase hecha.

6. Si un subordinado te formula una pregunta pertinente, míralo como si hubiera perdido el juicio. Cuando su cara palidezca de mortificación, hazle la misma pregunta con otras palabras.

7. Logra un encargo prestigioso y, a continuación, búscate un lugar a la sombra.

8. Camina siempre a gran velocidad cuando estés fuera de la oficina; evitarás un gran número de preguntas, ya sea de tus subordinados o de tus superiores.

9. Mantén la puerta de tu oficina cerrada. Esto pondrá en guardia a los visitantes y dará la sensación de que estás siempre reunido.

10. No des nunca órdenes por escrito.[1]

El único modo realmente eficaz de hacer carrera es, en síntesis: **saber lo que quiero, quién soy y, sobre todo, cuáles son mis puntos fuertes y cuáles son los débiles. Sobre esta base, podré buscar la   posición a mis características y definir una estrategia para hacer carrera.**

---

1. Arthur Bloch, *La ley de Murphy*, Madrid, Ediciones Temas de Hoy, 1992.

2

La búsqueda del puesto ideal

EL PROYECTO PROFESIONAL

En el capítulo introductorio, se han definido tres elementos a partir de los cuales cada cual puede definir su «puesto ideal»; estos elementos están contenidos en las respuestas a las preguntas:

> — ¿Quién soy?
> — ¿Qué es lo que sé?
> — ¿Qué es lo que puedo aprender?

¿Quién soy?

La respuesta a esta pregunta, a la cual son muchos los que han intentado contestar a lo largo de los siglos (con resultados no siempre satisfactorios), debe referirse, en este caso, sólo a los aspectos profesionales. No se trata, pues, de llegar a saber si se es bueno o malo, inteligente o estúpido, sino de definir las propias características comportamentales en relación a un posible trabajo.

Para simplificar este análisis, puede ser útil la siguiente lista de comportamientos típicos que, si bien no agotan otros planteamientos, se hallan de manera constante en todos los ambientes profesionales.

> Elige 5 de los 30 perfiles propuestos con los que más te identifiques, y a continuación trasládalos al cuadro de la página 24.

Perfil 1   Analítico; ama comprender cómo se llega a la solución de un problema y no renuncia a ello hasta conseguirlo.

Perfil 2   Analítico, pero voluble; se cansa fácilmente a medio camino.

Perfil 3   Sintético; quiere llegar cuanto antes a la solución de un problema.

Perfil 4   Sintético; quiere llegar a la solución de un problema, pero a condición de comprender al menos las partes esenciales.

Perfil 5   Ama afrontar los problemas discutiendo con otras personas. Sabe aceptar los consejos y sugerencias, e incluso los solicita.

Perfil 6   Desea el enfrentamiento con otras personas sólo cuando ha adquirido una cierta decisión. Si el consejo que se le da no coincide con lo que piensa, no lo tiene en cuenta.

Perfil 7   Individualista al 100 %. Rechaza o no llega a pedir la intervención de los demás en ningún caso.

Perfil 8   En los momentos difíciles, confía en poder cambiar las cosas con sus propias fuerzas. Cree firmemente que «querer es poder».

Perfil 9   En los momentos difíciles siempre se toma tiempo para la reflexión para decidir cómo afrontar la situación. Piensa que no siempre es posible conseguirlo todo.

Perfil 10   Se siente «víctima» de los acontecimientos externos y cree que son las cosas las que deben mejorar por sí mismas.

Perfil 11   Cuando conoce a una persona, se muestra en un indiferente, dejando a ésta que dé el primer paso.

Perfil 12   Cuando conoce a una persona, intenta coger la onda cuanto antes y crear un buen ambiente.

Perfil 13   Cuando conoce a una persona, intenta adivinar cómo podrá beneficiarle para conseguir sus objetivos.

Perfil 14   Inclinado al estudio y a la reflexión.

Perfil 15 Inclinado a la acción y a la realización de cosas.

Perfil 16 Interesado en conocer personas diversas entre sí.

Perfil 17 Inclinado a cuidar de pocas y buenas amistades.

Perfil 18 Espíritu creativo, poético, lleno de fantasía.

Perfil 19 Espíritu racional, matemático, lógico.

Perfil 20 Coloca entre sus valores fundamentales la seguridad, la tranquilidad y la honestidad.

Perfil 21 Coloca entre sus valores fundamentales la honestidad, el reconocimiento de los propios méritos, el éxito.

Perfil 22 Dice: «El dinero es un medio para conseguir determinados objetivos.»

Perfil 23 Dice: «No he pensado seriamente en el trabajo que quería desempeñar hasta después de terminar los estudios.»

Perfil 24 Dice: «Siempre he sabido qué trabajo quería hacer o lo he decidido con rapidez.»

Perfil 25 Sostiene que, sin recomendaciones, no se puede ir hacia delante.

Perfil 26 Sostiene que el único modo de tener éxito es hacerlo todo con los propios medios.

Perfil 27 Es desconfiado y receloso por naturaleza.

Perfil 28 Es ingenuo y un tanto despistado en las situaciones nuevas.

Perfil 29 Siempre ve el lado cómico de las situaciones.

Perfil 30 Consigue, en general, prever las consecuencias de sus acciones.

Coloca a continuación, uno debajo del otro, los 5 perfiles que has elegido, los cuales te orientarán en la elaboración de tu proyecto profesional.

Perfil 1

....
....
....
....

Perfil 2

....
....
....
....

Perfil 3

....
....
....
....

Perfil 4

....
....
....
....

Perfil 5

....
....
....
....

¿Qué es lo que sé?

La respuesta a esta pregunta, específica para cada cual, está representada por esas «habilidades» que se aprenden tanto durante los estudios como en la familia y del propio grupo de amigos, a través de la lectura o por haber cultivado algún *hobby*.

No es extraño encontrar una persona que, a pesar de poseer un currículum de estudios determinado, emprenda una carrera bastante diferente en virtud de las competencias adquiridas por otros canales.

Quien, paralelamente al diploma o a la licenciatura, haya practicado, pongamos por caso, un deporte hasta el punto de convertirse en entrenador, podrá proseguir carrera en el mundo deportivo o turístico; quien haya cultivado un *hobby* manual, podrá transformarlo en un oficio bastante lucrativo, por ejemplo, en el sector de la sastrería, los complementos u otros ámbitos que viven actualmente una gran expansión.

Al preguntarse qué es lo que se sabe o qué se sabe hacer, se deben tener presentes los siguientes elementos:

1. La formación académica (aquello que realmente sabemos hacer y que hemos aprendido en la escuela). Es obvio que ningún titulado está capacitado para ejercer de inmediato aquello que ha aprendido: deberá verificarlo en la práctica. Se trata de precisar aquí las competencias generales que cada cual cree poder trasladar a la realidad laboral con relativa facilidad.

2. La formación extraacadémica, es decir, cualquier tipo de conocimientos que derivan del ambiente ajeno a la escuela.

Entre éstas, a título de ejemplo: el aprendizaje de otra lengua gracias al hecho de haber vivido en el extranjero o por tener un padre oriundo de otro país; proceder de una familia en la cual uno de los miembros desempeña una actividad que puede irse asimilando desde niño (artesanal, comercial y empresarial, sobre todo) y del que se han aprendido las técnicas y los problemas por el simple hecho de prestarle un poco de atención; haber cultivado un *hobby* particular que nos haya proporcionado alguna técnica (actividad deportiva, etc.) o método útiles (coleccionismo, etc.).

Para la redacción del proyecto profesional es preciso poner de relieve y reflexionar sobre cada uno de estos aspectos.

Describe en la ficha de la página 26 cuáles son las competencias, capacidades y habilidades personales que crees poseer.

**COMPETENCIAS ADQUIRIDAS
A TRAVÉS DE LOS ESTUDIOS**

....
....
....
....
....
....
....
....
....

**HABILIDADES Y COMPETENCIAS
ADQUIRIDAS EN EL SENO FAMILIAR**

....
....
....
....
....
....
....
....
....

**HABILIDADES Y COMPETENCIAS ADQUIRIDAS
A TRAVÉS DE *HOBBIES* E INTERESES
PERSONALES EXTRAACADÉMICOS**

....
....
....
....
....
....
....
....
....

¿Qué puedo aprender?

La experiencia y los estudios demuestran por lo general un aspecto esencial: hay cosas que se aprenden rápidamente, en cambio otras no hay manera de metérselas en la cabeza. El hombre aprende comúnmente dos clases diferentes de elementos: los que se refieren a cuestiones técnicas y los que se refieren a los comportamientos. La escuela enseña normalmente las técnicas.

Los comportamientos se aprenden en el contexto en el que se vive y a través de la confrontación con otras personas. Aparentemente, es más sencillo aprender los comportamientos (cómo hay que comportarse y cómo hay que vestir, por ejemplo, en un campo de fútbol o en la boda de un amigo). En realidad, el aprendizaje de las técnicas puede resultar, en comparación, más difícil al principio, pero los comportamientos son bastante más difíciles de modificar.

Por otro lado, los comportamientos de cada cual inciden de una manera decisiva en el trabajo y en la carrera: incluso el investigador que trabaja exclusivamente en un laboratorio, donde son esenciales las competencias técnico-científicas, no será un buen investigador si muestra un comportamiento individualista y no comunica a los demás los resultados de sus experimentos.

Para la comprensión y la realización del propio proyecto profesional es, pues, extremadamente importante saber cuáles son las cosas que somos capaces de aprender y, en particular, qué técnicas se desea conocer y profundizar (la contabilidad, la informática aplicada al diseño mecánico o electrónico, los idiomas, etc.); qué comportamientos se desea adoptar y cuáles de los propios creemos modificar (aprender a trabajar en grupo, asumir una función directiva, etc.).

Indica en la ficha de la página 28 cuáles son las técnicas y comportamientos que crees poder aprender, teniendo en cuenta aquellas personas conocidas que desempeñan la actividad profesional de tu interés.

```
┌─────────────────────────────────────────────────────────┐
│              TÉCNICAS QUE QUIERO Y CREO                   │
│                   PODER APRENDER                          │
│                                                           │
│   ......................................................  │
│   ......................................................  │
│   ......................................................  │
│   ......................................................  │
│   ......................................................  │
│   ......................................................  │
│   ......................................................  │
└─────────────────────────────────────────────────────────┘
```

```
┌─────────────────────────────────────────────────────────┐
│          COMPORTAMIENTOS QUE QUIERO Y CREO               │
│                   PODER APRENDER                          │
│                                                           │
│   ......................................................  │
│   ......................................................  │
│   ......................................................  │
│   ......................................................  │
│   ......................................................  │
│   ......................................................  │
│   ......................................................  │
└─────────────────────────────────────────────────────────┘
```

LA REDACCIÓN DEL PROYECTO PROFESIONAL

El proyecto profesional debe realizarse preferiblemente por escrito (ya que de este modo es más fácil detectar incoherencias y modificarlas tras la reflexión conclusiva).

Se deben tener en cuenta en todo momento las respuestas que se han dado a las preguntas: «¿Quién soy? ¿Qué sé? ¿Qué puedo aprender?», contenidas en las fichas rellenadas con anterioridad.

Se deben, finalmente, tener en cuenta dos aspectos fundamentales: los vínculos y las oportunidades.

Los **vínculos** son aquellos límites que deben imponerse en relación a las propias exigencias (imposibilidad o no disponibilidad de un traslado; desconocimiento de técnicas esenciales para desempeñar un determinado tipo de trabajo, etc.). Es importante no olvidar estos vínculos; cuando se habla de buscar un puesto de trabajo ideal, hay que ser absolutamente realista: es un error bastante frecuente aspirar a un determinado trabajo que no se está en condiciones de realizar.

Describe a continuación tres elementos que representan o podrían llegar a representar un vínculo para tu carrera (sin olvidar que existen vínculos derivados del sexo, el estado civil y, quizá, de los propios orígenes).

VÍNCULOS PERSONALES

1. ....
2. ....
3. ....

Las **oportunidades** vienen determinadas por la aparición de nuevas profesiones que irán creciendo en calidad y número durante los próximos años.

La imaginación, una buena dosis de coraje, una competencia elevada y una información detallada pueden formar la receta ideal para elegir el trabajo ideal incluso si nadie o muy pocos lo han desempeñado antes.

Antes de elaborar el proyecto profesional, del que se facilita un ejemplo detallado más adelante, hay que indicar el último y fundamental elemento.

El propio sueño profesional en el cajón

Todos tenemos un sueño y un proyecto ideal de vida con el cual es conveniente medirse antes de iniciar la búsqueda del trabajo ideal: si se conoce el objetivo al cual se pretende llegar, aunque pueda parecer demasiado difícil, se podrá recurrir a los mejores medios, o en cualquier caso a todos aquellos que sean disponibles, para conseguirlo, ponderando de igual modo los problemas que habrá que afrontar.

Queda todavía una última pregunta por hacer, tal vez la más difícil: «¿Qué sueño guardo en el cajón?» Si tal sueño no existe, no sólo será difícil hallar un trabajo ideal, sino incluso encontrar trabajo alguno.

Es recomendable, con todo, que trabajos no cualificados existirán progresivamente menos, mientras que aumentarán sin cesar la oferta de trabajos que requieran inteligencia, imaginación y la propia iniciativa de la persona.

Si no se posee un sueño relativo al trabajo ideal (lo cual es por otro lado muy difícil; es más común no haber pensado nunca en ello) es aconsejable tomarse un tiempo para reflexionar cuál podríamos preferir, antes de empezar la redacción del proyecto profesional.

Un ejemplo de proyecto profesional

Me encontré con Marta en 1987: 19 años, diploma de bachillerato en la rama de ciencias obtenido seis meses antes con una buena puntuación (8/10) y vagas perspectivas de futuro. La única certeza que poseía era la intención de matricularse en la universidad. Quería independizarse de la familia cuanto antes.

Antes de nuestro encuentro, Marta había enviado más de 200 solicitudes de empleo a las empresas más importantes de la provincia, sin especificar en ningún caso qué tipo de trabajo quería y podía desempeñar.

Después de escuchar mi consejo, Marta realizó el siguiente proyecto profesional con óptimos resultados.

Cabe destacar que Marta dedicó algunos días a este empeño: **«Buscar el trabajo ideal es un trabajo más cansado que trabajar.»**

EL PROYECTO PROFESIONAL DE MARTA

«Tengo 19 años. Nací en Girona el 10 de febrero de 1969. Provengo de una familia formada por 4 personas. Mi padre dirige una actividad comercial en el ramo de la alimentación; mi madre es ama de casa. Mi hermana tiene 16 años y todavía es estudiante. Hace seis meses acabé el BUP en la rama de ciencias con resultados satisfactorios (8/10) como culminación de un expediente académico notable. La elección de la especialidad en ciencias fue mía, no sé si como resultado de mi predisposición a las matemáticas o más bien para llevar la contraria a mis padres, que querían que me dedicara a la contabilidad (la maldición del diploma seguro...).

No quiero ser una licenciada en paro y, sobre todo, tengo muchas ganas de saber cómo funciona el mundo "real". Por lo tanto, he decidido no continuar con mis estudios; me hubiera interesado entrar en la universidad si hubiese existido en mi ciudad facultad de psicología, pero como no es así, he decidido buscar un trabajo. Pero ¿qué trabajo? Con toda seguridad, no en la tienda de mi padre. Mi relación con él es buena, pero la vida que debería llevar es agotadora: no existen horarios fijos y sí, en cambio, un millón de problemas y, además, sé que trabajar con la familia conlleva el riesgo de deteriorar las relaciones.

En la redacción de mi proyecto profesional intentaré tener presente los tres elementos fundamentales que se me han sugerido y que se refieren a lo que creo ser, lo que sé y lo que puedo aprender con facilidad.

Por lo que respecta al primer punto, *quién soy*, he utilizado un cuestionario del que he tomado las descripciones que me vienen como anillo al dedo.

Son las siguientes:

1. Sintética, quiero llegar rápidamente a la solución de un problema.

2. Deseo la confrontación con otras personas sólo en el caso de haber tomado una determinada decisión. Si el consejo que se me ha dado difiere de lo que yo pienso, lo dejo de lado.

3. En los momentos difíciles, creo poder cambiar las cosas con mis propias fuerzas. Me parece que «querer es poder».

4. Cuando conozco a una persona, busco captar su onda y crear un buen entendimiento.

5. Proclive a la acción y a la realización de cosas concretas.

   A estas cinco descripciones, yo añado:

6. Soy Marta y quiero demostrar a los demás que tengo un valor y que conseguiré llegar donde me propongo.

Diría, pues, que las características personales más importantes, como se me ha confirmado después, son: **sintética, más bien individualista, decidida, proclive a las relaciones interpersonales** y, en fin, un tanto **presuntuosa** (la autocrítica nunca viene mal).

Por lo que respecta a las cosas que sé, yo diría que mis estudios no me han reportado ningún conocimiento técnico que pueda serme de utilidad en el trabajo, excepto quizás el propio método de trabajo, gracias a las materias científicas estudiadas, así como un conocimiento discreto de la lengua inglesa. Afortunadamente, mis padres siempre han tenido la costumbre de pasar las vacaciones en Francia, gracias a lo cual sé un poco de francés. Hace algunos meses, mientras esperaba encontrar trabajo, me he matriculado en un par de cursos intensivos de francés e inglés, y en pocos meses creo que podré defenderme bastante bien.

Explicar lo que he aprendido por otros canales me ha sido, en cambio, mucho más difícil. Diría, para resumir:

1. El conocimiento del comercio gracias a mi padre. Escucharle hablar de sus problemas y sus éxitos desde que era pequeña me ha servido, seguramente, para comprender lo difícil que puede llegar a ser convencer a los demás, establecer con ellos una relación de confianza, vivir con la inquietud de que abran un supermercado en el edificio de al lado.

2. El rigor y el orden gracias a mi madre que, sin ser tampoco una maniática (ya que ayuda a mi padre en la tienda), me ha enseñado que

existe un método para desempeñar bien cualquier trabajo y ahorrar mucho tiempo.

3. El placer de la competición gracias a una intensa actividad deportiva en el campo de la gimnasia rítmica que, aunque tuve que interrumpirla por razón de mis estudios, se me ha quedado en la sangre.

En relación a lo que creo poder aprender con mayor facilidad, creo poder afirmar lo siguiente:

1. Todo lo que es concreto y puede demostrarme los resultados rápidamente.

2. La habilidad en el trato humano. Analizando las relaciones con mis amigos, no creo haber tenido nunca problemas; incluso diría que siempre he tenido un papel de organizador de la vida del grupo.

3. Un cierto *look*: no soy anticonformista por naturaleza y me adapto fácilmente al ambiente que me rodea.

Es evidente que no me adapto a todo: soy muy rigurosa y me molestan las actitudes "groseras" en general (la mala educación y la agresividad, sobre todo). No me gusta sentirme mandada y, por último, me gustaría trabajar donde siempre he vivido por motivos, digamos, "sentimentales".

¿Un sueño en el cajón? Conseguir trabajar diez o quince años con éxito, viendo mundo y ganando lo suficiente para vivir y para hacer algún viaje. Después, quién sabe: tal vez formar una familia, hijos y, posiblemente, un trabajo *part-time*.»

Análisis del proyecto profesional

Analicemos detalladamente el proyecto de Marta, precisando que se llama **características comportamentales** a los elementos atribuidos al ítem *quién soy*: **conocimientos o capacidades** a los relacionados con el ítem *qué sé*; y **potencialidades** a las que se incluyen en el ítem *qué puedo aprender*. Todos los aspectos se analizan desde un punto de vista subjetivo. Se tienen presentes, pues, las características comportamentales, los conocimientos y las potencialidades que Marta creía tener en el momento de la elaboración de su proyecto profesional. No se entrará aquí en el análisis técnico-científico, y menos aún objetivo, de las características de Marta, imposible de realizar fuera de un contexto médico-psicológico.

Características comportamentales	Síntesis. Aptitud para la relación interpersonal. Decisión. Afán de concreción.
Conocimientos y capacidades	Método de trabajo, orden, rigor. Idiomas. Sensibilidad para los problemas comerciales. Aptitud para la competición.
Potencialidades	Aprendizaje de técnicas relacionadas con la práctica de algo. Habilidad para establecer relaciones interpersonales. Capacidad de adaptación a la realidad.
Inconvenientes	Atención excesiva al comportamiento de los demás. Incapacidad para sufrir el poder ajeno. Poca disposición al traslado.
Ventajas	Disponibilidad para la movilidad laboral. Rapidez de crecimiento. Interés por los contenidos profesionales antes que por los aspectos retributivos.

A estos aspectos se le añaden, valorando exclusivamente la forma en la que se ha realizado el proyecto:

Características comportamentales	Impulsividad y tendencia a mostrarse provocadora.
Conocimientos y capacidades	Sentido de la dureza del trabajo. Buena cultura general.
Potencialidades	Buen sentido crítico en el análisis de la realidad.
Inconvenientes	Ingenuidad derivada de la ausencia de la confrontación con ambientes laborales más estructurados respecto a la experiencia familiar.
Ventajas	Mentalidad abierta a un discurso internacional (idiomas, viajes); curiosidad respecto a las novedades.

Tras un atento análisis y discusiones sobre los datos derivados de su proyecto profesional, Marta dibujó el perfil teórico del tipo de actividad profesional que podría satisfacer sus exigencias.

1. El trabajo debería ser de tipo operativo, en un sector estrechamente relacionado con el mundo exterior, posiblemente en el extranjero (elementos de referencia: afán de concreción, relaciones interpersonales, conocimiento de idiomas).

2. En el campo laboral, su papel debería incluir: un espacio de movimiento preferentemente amplio (elementos de referencia: aptitud para la competición, incapacidad de padecer el poder de los demás, disponibilidad para la movilidad), si bien con la existencia de un buen superior del cual poder aprender el oficio (elementos de referencia: método de trabajo, orden, rigor, facilidad de aprendizaje de técnicas relacionadas con la práctica de algo, atención por los aspectos comportamentales de los demás).

3. El tipo de actividad debería permitirle verificar y valorar los resultados de su trabajo, utilizar sus nociones de idiomas, conocer cosas nuevas y, en fin, conseguir una discreta independencia económica que le permita satisfacer sus exigencias de tiempo libre. El trabajo debería tener su sede en la propia zona de residencia.

Sobre la base de este análisis se excluyeron en primera instancia y en un plano absolutamente teórico:

— las actividades administrativas tradicionales (auxiliar de administración, secretaria, cajera, etc.);
— las actividades en el interior de la empresa;
— las actividades comerciales tradicionales;
— las empresas demasiado grandes;
— las empresas demasiado pequeñas;
— las empresas con la sede fuera de la provincia de Girona;
— las empresas estrictamente de servicios;
— las empresas de las que la información disponible respecto a su diligencia no fuera lo satisfactoria que cabría desear.

Las dos primeras, por no tener Marta los suficientes conocimientos y aptitudes; la tercera, por no estar interesada en desempeñar una actividad que hubiera podido asumir junto a su padre; la cuarta, por ser bastante difícil tener libertad de movimientos en una empresa demasiado grande; la quinta, por resultar difícil aprender un oficio específico en una empresa demasiado pequeña; la sexta, por no prestarse a un traslado; la séptima, por no estar interesada en desempeñar actividades demasiado abstractas; la octava, por no estar en condiciones de establecer buenas relaciones con personas en cuya seriedad y honestidad no confiara.

En este sentido, Marta consultó entre personas conocidas y buscó en diversos catálogos de empresas (facilitados por sindicatos y colegios profesionales), investigando los siguientes aspectos de cada empresa:

— actividad desarrollada;
— número de empleados;
— sede;
— facturación de los últimos 3 años (si está disponible);
— nombre del director de personal o del Consejero Delegado (si está disponible).

Establecido como criterios de elección:

— el desarrollo de una actividad industrial productiva o relacionada de algún modo con el mundo productivo (denominados servicios a la producción);
— un número de empleados superior a 15 e inferior a 150;
— una sede fácilmente accesible desde su domicilio.

Invirtió, entonces, tres días en el registro oficial (donde se depositan cada año los balances de todas las empresas), consultando los balances de alrededor de 100 empresas preseleccionadas. Con la ayuda de un amigo contable interpretó los 3 o 4 aspectos de cada balance que sirven para valorar la solidez de una empresa.

De las 50 empresas seleccionadas, confirmó posteriormente en la Cámara de Comercio los datos obtenidos: sede, objeto social (la actividad de la empresa), miembros del consejo de administración y las variaciones que se han producido a lo largo de los años.

Para terminar, eligió 35 empresas, dedicadas a sectores muy diversos (informática, reparaciones navales, ecología, importación-exportación) a las que, tras haber elaborado un currículum vitae (véase el apartado «El currículum vitae»), envió la siguiente carta, que introduce a la densa exposición sobre cómo se debe buscar el trabajo ideal, cuyas fases se analizarán detalladamente en capítulos sucesivos.

LA CARTA DE MARTA

[Nombre de la empresa]
[Dirección]
[Ciudad y Código Postal]

A la atención de
[Nombre y apellidos del director de personal]

Girona, [fecha]

Muy Sr. mío:

Adjunto le remito mi currículum vitae, esperando que pueda dedicarle unos minutos de atención.

Además de los datos personales y académicos que allí podrá encontrar, me permito comunicarle que estoy buscando un trabajo que me permita poner en práctica mis dotes de decisión y concreción, además de mi facilidad para las relaciones personales. Su empresa me interesa particularmente, dadas las informaciones favorables que he obtenido acerca de las personas que trabajan en ella y la dirigen, así como de la singladura económica de los últimos años.

No poseo conocimientos técnicos especiales, excepto el conocimiento de idiomas, pero creo tener una buena predisposición para el aprendizaje.

Con la esperanza de que tenga a bien verificar personalmente si cuanto se afirma es fruto de la presunción o bien corresponde a un perfil interesante para su empresa, aprovecho la ocasión para saludarle cordialmente.

[Firma]

Marta fue convocada a una entrevista personal por ocho empresas. La oferta más interesante se la hizo una empresa de programas informáticos. Ingresó en el nivel más bajo, a condición de que ascendería cuando demostrara sus capacidades.

Durante el primer año, asistió a dos cursos de informática fuera del horario laboral; mientras tanto, se le encomendó la labor de traducir y preparar manuales técnicos. Al finalizar este período, gracias a la tenacidad demostrada al afrontar problemas totalmente nuevos para ella y con buenos resultados, entró en el departamento comercial para tratar directamente con el público. Actualmente, transcurridos 4 años, es asistente del director comercial, con funciones relativas al diseño y desarrollo de los planes promocionales de la división *software* del área europea. Gana el doble de la retribución inicial, goza de una autonomía casi total, sale de viaje casi una semana al mes y está muy, muy cansada, pero con la impresión de estar decididamente satisfecha de los objetivos alcanzados.

EL CURRÍCULUM VITAE

El currículum vitae es el equivalente a una fotografía: hay unas que nos gustan más y otras que no nos gustan en absoluto. ¿De qué depende el hecho de que una fotografía nos guste o no? Según se aproxime a la imagen que tenemos de nosotros mismos. Podemos llegar a aceptar que deje al descubierto carencias y defectos que sabemos que tenemos, pero no más.

Al realizar un currículum vitae ocurre exactamente lo mismo, con la diferencia de que no estamos acostumbrados a enjuiciarlo. Quien lo lee, en cambio, está habituado a hacerlo: podrá, en consecuencia, deducir algunos aspectos de la vida académica y profesional de quien se lo ha enviado que ni siquiera tenía en la cabeza quien en el momento de hacerlo. Por ello, la primera regla fundamental para realizar un buen currículum vitae es **ponerse en el lugar de quien ha de leerlo**.

No se trata, de hecho, de que agrade a quien lo escribe, sino de que suscite en el interlocutor la sensación exacta de lo que su autor sabe y ha hecho.

Cuando se redacta un currículum vitae cabe tener muy presente dos puntos fundamentales:

1. Poner de relieve todos aquellos aspectos de la vida académica y profesional con la máxima concisión, sin olvidar nada que pueda ser esencial.

Esto no significa que haya que explicar la propia vida en dos páginas, sino que es preciso decir todo aquello que pueda interesar al lector en el menor espacio posible, eliminando los datos que no tengan ninguna importancia para los fines propuestos.

Es inútil señalar, por ejemplo, que se forma parte de un club deportivo, que el puesto al que se aspira es el típico puesto de empleado, o que se ha asistido a un curso de técnicas de venta si lo que está buscando la empresa es una secretaria. En ciertos casos, la información superflua es perjudicial para nuestra solicitud, puesto que, como en el caso de la fotografía, pueden dar una idea de nuestra personalidad y de las propias aspiracipes que diste mucho de la realidad.

Cuidado, entonces: **el currículum vitae es el tipo de carta definitivamente más difícil.** Se debe, en consecuencia:

— responder lo más posible a los requisitos expresados por la propia empresa;
— imprimir un sello personalizado tanto a los contenidos como a la forma;
— dejar traslucir, además de los datos objetivos (señas personales, estudios, experiencia profesional), una idea precisa de la personalidad del que escribe;
— ser claro y legible.

2. Adaptarlo a las características de la oferta a la que se concurre. El error más frecuente consiste en redactar un currículum vitae general que luego se envía indiscriminadamente a las empresas y a las agencias de selección de personal. El currículum vitae, por el contrario, debe modificarse cada vez que se envía a una empresa; aquello que puede ser idóneo para una, puede no serlo para otra. Quien está acostumbrado a fotocopiar el propio currículum no está actuando seguramente de la manera adecuada.

A continuación, se analizan los contenidos y la forma de un currículum vitae, remitiendo al lector al libro *El currículum que triunfa*, de Mariangela Rustico (publicado por esta misma editorial), para un análisis pormenorizado del tema.

La forma del currículum vitae

El currículum vitae debe escribirse a máquina (excepto en el caso de que la propia empresa lo solicite manuscrito), en papel blanco extrafuerte, formato DIN-A 4 (el habitual papel de carta).

En la primera página, en la parte superior y centrada, debe escribirse «Currículum vitae de [nombre y apellidos]», dispuesto en dos o tres líneas y en letras más grandes que el resto del texto. Inmediatamente debajo, las señas personales: fecha de nacimiento, domicilio, teléfono (con prefijo), estado civil y situación del servicio militar. A continuación, se detallan los estudios efectuados, los cursos de especialización posteriores a la obtención del título, así como los seminarios realizados. Más abajo debe especificarse el conocimiento de idiomas, así como los cursos recibidos y las estancias en el extranjero.

En la segunda página, se debe indicar la experiencia profesional, empezando por la última y remontándose hacia atrás en el tiempo. No debe olvidarse señalar la retribución, la categoría profesional y los eventuales beneficios laborales.

Como conclusión del currículum vitae es recomendable incluir el epígrafe «Otras informaciones» donde cabe indicar: el puesto que se desea cubrir, la posesión de carnet de conducir y coche propio, la disponibilidad de traslado y/o desplazamientos. En este último apartado se pueden indicar facultativamente los *hobbies* e intereses personales.

**CURRÍCULUM VITAE
DE
PAULA RAMOS**

DATOS PERSONALES
Nacida en Madrid el 25 de noviembre de 1957
Domiciliada en la calle Hortaleza nº 23, 4º 2ª,
28004 MADRID
Teléfono: (91) 354.85.01.
Casada, 1 hijo.

FORMACIÓN Y ESTUDIOS
Diploma de contabilidad obtenido en 1976 en el Instituto Robles Ayala con la calificación de Bien.
Asistencia a un curso de Economía y Comercio (7 exámenes realizados).
Curso de contabilidad informatizada en la escuela JJEC de Barcelona de 6 meses de duración. Programa utilizado: «Finanzas» (CCS).
Curso de fiscalidad en el Centro de Administración de Empresas, de 4 meses de duración.

IDIOMAS

Buen conocimiento de la lengua inglesa, perfeccionada a lo largo de numerosas estancias de estudio y turismo en la Gran Bretaña.
Conocimiento académico de lengua francesa.

EXPERIENCIA PROFESIONAL

Desde 1988: Responsable de la administración de personal en una empresa del sector de la distribución (50 empleados)
Funciones:

— pagas y contribuciones;
— obligaciones mensuales y anuales;
— apoyo a la dirección administrativa con tareas de secretaria.

Categoría laboral: jefe administrativo de 2.ª
Retribución: 3.500.000 ptas. brutas anuales.

1985-1988: Agregada administrativa en Grupo Lersa, constructora residencial.
Funciones:

— contabilidad general, obligaciones civiles.

1980-1984: Secretaria administrativa en la constructora Construmaster, S. A.
Funciones:

— facturas, liquidación IVA (modelos 770 y 760), contabilidad general.

1977-1979: Prácticas en la Escuela de Comercio con objeto de obtener la capacitación profesional.

OTRAS INFORMACIONES

Estoy interesada en ingresar en calidad de responsable de administración en una empresa mediana donde pueda aplicar mis conocimientos de contabilidad y administación de personal.

Óptimos conocimientos del entorno informático (vídeo-escritura, programas de contabilidad y gestión de pagos y contribuciones).

Poseo carnet de conducir y coche propio. Estoy dispuesta a realizar breves desplazamientos.

El currículum de Paula Ramos es adecuado para ocupar una posición de responsable administrativa o una figura similar (secretaria del director administrativo, responsable de la contabilidad general, etc.). Si Paula Ramos enviase este currículum solicitando un puesto de responsable de pagas y contribuciones, tendría más difícil ser convocada. En el caso que nuestra candidata aspirara a este puesto, debería cambiar el contenido del apartado «Otras informaciones» y ampliar posterior- mente los aspectos relativos al último puesto ocupado en el mundo laboral.

Por lo que respecta a la forma exclusivamente gráfica del currículum vitae, cabe no olvidar que debe responder al perfil de la candidatura, utilizando, si es preciso, instrumentos más sofisticados.

El perfil estándar del empleado: se sugiere utilizar caracteres normales, destacándolos con la utilización de la negrita. Si es posible, emplear un programa informático de procesador de textos para la alineación de los márgenes.

El perfil para puestos «creativos» (publicidad, moda, etc.): es aconsejable dirigirse a un centro especializado en la redacción de los textos, solicitando la creación de un currículum vitae a la medida de nuestras necesidades. Para ello, será útil consultar los caracteres gráficos disponibles, seleccionando el que más nos identifique e imprimiendo el documento en una impresora láser (para obtener una mayor resolución).

El perfil absolutamente individualista (para quien desea diferenciarse de los demás): se sugiere utilizar cuartillas con la cabecera personalizada.

No utilizar en ningún caso:

— papel coloreado;
— máquina de escribir de tipo mecánico;
— folios demasiado ligeros (tipo papel de seda);
— tratamientos de cortesía para referirse a uno mismo, del tipo Doctor, Licenciado, etc.; bastará con nombre y apellidos, puesto que la titulación se describe a continuación;
— letras demsiado grandes o demasiado pequeñas;
— caracteres muy sofisticados;
— fotocopia de un currículum anterior.

Utilizar siempre:

— papel extrafuerte formato DIN A-4;
— máquina de escribir electrónica y, a ser posible, procesador de textos en ordenador personal;

— caracteres tipográficos habituales o, si se trata de un perfil creativo, caracteres originales (aunque no demasiado);
— ejemplares originales del currículum vitae vigente.

Cabe recordar:

— al final del currículum vitae debe figurar la fecha y la firma (nombres y apellidos);
— al currículum vitae debe adjuntarse una carta de presentación o bien como respuesta a un anuncio de demanda de empleo;
— el sobre del envío postal debe ser de formato normal (tipo apaisado), sin ventanilla. No hay que olvidar indicar la referencia si se trata de la respuesta a una solicitud de empleo.

Los contenidos del currículum vitae: algunas cuestiones importantes para la recopilación de información

LOS DATOS PERSONALES

Fecha de nacimiento: debe figurar de manera completa, 7 de septiembre de 1959, no abreviada, 7-9-59; la primera forma facilita la lecutra, en cambio la segunda obliga al lector a realizar un esfuerzo de concentración.

Domicilio: deben indicarse con precisión la calle, el número, el código postal, la ciudad y la provincia. Si se posee una segunda residencia (generalmente, a afectos de un eventual traslado) es oportuno indicarlo. No vale la pena dar otros domicilios, como puede ser el de la casa de veraneo o el de familiares. Estas informaciones, útiles únicamente en el caso de que sea la empresa quien deba dirigirse a nosotros, pueden simplificarse proporcionando un teléfono de contacto, evitando así prolongar innecesariamente la primera parte del currículum.

Número de teléfono: se escribe en primer lugar el prefijo y, a continuación, el número completo. Puede explicitarse si se trata del número de un piso, de una habitación, o bien de la oficina. Si suele ausentarse frecuentemente, puede facilitarse un número de contacto donde pueda dejarse el recado (¡tampoco es necesario que los responsables de la selección tengan que esperar hasta última hora para localizar a la persona necesaria!).

Estado civil: debe especificarse la situación familiar sin tapujos (soltero, casado, separado, viudo), así como el número de hijos. Como quiera que estos aspectos deberán exponerse en una posterior entrevista, lo mejor es plantearlos lo antes posible.

Situación militar: en caso de haber realizado el servicio militar, debe indicarse el puesto ocupado; en caso contrario, los motivos de exclusión (excedente de cupo, motivos de salud, etc.).

Nacionalidad: se aconseja indicar la nacionalidad a los ciudadanos extranjeros residentes en España, así como a todos aquellos que a causa de un apellido peculiar, o por largas estancias en el extranjero, puedan suscitar la sospecha de poseer una nacionalidad diferente a la real.

Siempre es conveniente indicar la eventual doble nacionalidad.

FORMACIÓN Y ESTUDIOS

No debe incluirse el título de la enseñanza primaria, excepto si se trata del único conseguido.

En cambio, sí debe indicarse el año de consecución del título de bachillerato, así como la calificación obtenida (en caso de no hacerlo, el lector creerá que se trata de una nota baja). Sólo debe facilitarse el nombre del instituto en el que se obtuvo el título en el caso de que tenga fama de ser duro o muy severo.

En el caso de licenciatura universitaria, hay que especificar el nombre del centro, la calificación y el año de obtención del título. El título de la tesis de licenciatura sólo debe indicarse en el caso de los titulados recientes, los cuales, como es lógico, tienen siempre un currículum más bien pequeño.

Además, cabe detallar todos los cursos de especialización realizados, precisando la temática, el centro y su duración. No debe figurar la calificación, puesto que se trata de enseñanzas no homologadas oficialmente.

IDIOMAS

Especificar los idiomas que se denominan, así como el nivel de conocimiento del que se dispone (escolar, bueno, óptimo) o bien lengua materna.

Por lo que respecta a los títulos y estancias en el extranjero, no hay que describirlos con demasiado lujo de detalles; en cuanto a los primeros, es aconsejable indicar únicamente los que poseen un reconocimiento a nivel europeo (First Certicate o Proficiency, en el caso del inglés; el nivel alcanzado en los exámenes del Goethe Institut, en el caso del alemán, etc.); en cuanto a las segundas, es suficiente indicar el número y la duración.

EXPERIENCIA PROFESIONAL

La experiencia profesional se indica siempre a partir del último trabajo desempeñado, describiendo otros trabajos remontándose en el tiempo hasta el primero.

A falta de experiencia profesional alguna (como es el caso de los titulados recientes), es recomendable incluir al menos actividades desempeñadas con carácter ocasional: campamentos de verano, canguros, clases particulares, etc.

Por lo que se refiere a la última actividad laboral desarrollada, hay que explicitar claramente, y en este orden: el período cubierto, el nombre de la empresa (facultativo), el ramo de la actividad empresarial (si se trata de una empresa poco conocida), el número de empleados y, optativamente, la facturación anual.

Además, debe describirse con precisión: el puesto ocupado, las funciones específicas desempeñadas, el número de personas que estaban bajo nuestra responsabilidad, el nivel o escala laboral y la retribución anual bruta, excluidos los incentivos y primas. Respecto a la actividad desarrollada con anterioridad, basta con indicar el número de años durante los cuales se ha trabajado, nombre de la empresa (para permitir a la nueva empresa en la que aspiramos a ingresar a efectuar eventuales consultas), el puesto y las funciones asumidas.

No vale la pena extenderse demasiado en esta parte del currículum. Si se trata de un candidato con una capacitación exclusivamente técnica, aquel que tenga que leer el currículum deberá entender con facilidad cuáles son los proyectos en los que ha participado el aspirante, sin necesidad de recurrir a siglas complejas y comprensibles sólo por un especialista (y, por tanto, difícilmente por el director de personal, que es el primer lector del currículum vitae).

También hay que evitar recurrir a la terminología anglosajona, si no resulta absolutamente imprescindible: el *product manager* (es decir, el responsable de la concepción del producto en una empresa de *marketing*), por ejemplo, se conoce universalmente con este nombre; el *research and developement manager*, en cambio, puede definirse tranquilamente como «responsable de investigación y desarrollo». Aquellos que suelen desenvolverse, o intentan hacerlo, en el mundo de la informática, deben prestar mucha atención al uso de palabras técnicas, puesto que corren un riesgo muy alto de abusar de los términos ingleses de manera innecesaria.

CURRÍCULUM VITAE
DE
ALBERTO PRADO

DATOS PERSONALES

Nacido en Huesca el 25 de febrero de 1968.
Domicilio: c/ Roldán, n.º 22, 6º.
Soltero.
Servicio militar cumplido en Infantería de Marina.

FORMACIÓN Y ESTUDIOS

Título de perito electrónico obtenido en 1987 en el Instituto Marconi de Zaragoza, con la calificación de Bien.
Curso de informática en la Computer School de Zaragoza: CAD (Computer Aided Design), programación Cobol y C. Duración total: 1 año.

LENGUA

Conocimientos discretos de la lengua inglesa.

EXPERIENCIA PROFESIONAL

Experiencia ocasional en el área de la venta de aparatos de telefonía.

OTRAS INFORMACIONES

Interesado en un puesto en el área de sistemas informáticos de una empresa del ramo de la producción/comercialización de instalaciones de control de la producción industrial. Mi interés se basa en una auténtica predisposición hacia el sector informático y no tanto por los estudios efectuados.
Buen conocimiento de los conceptos fundamentales de la automoción industrial.
Tengo carnet de conducir, y estoy dispuesto a ser trasladado a cualquier punto del territorio nacional.

Otras informaciones

Las informaciones que se incluyen en este apartado vienen a significar, de algún modo, un espacio personal dentro del currículum y, por lo tanto, deben completarse con la máxima cautela.

El primer aspecto que debe exponerse a la empresa es la actividad que se desea desempeñar, el puesto que se querría ocupar y las funciones que se cree estar en disposición de asumir. Como es obvio, hay que solicitar únicamente aquellos puestos que tengan una relación directa con la experiencia profesional acumulada, o bien con los estudios realizados. Si no se han cursado estudios especializados, es aconsejable explicar brevemente los motivos por los que pretendemos indicar esa carrera en particular que pueden ser de muy diversa índole: la pasión que nos despierta el producto de la empresa (moda, náutica, motor, etc.), el interés por verificar las propias aptitudes para un determinado oficio, la información favorable que poseemos de esa empresa, etc. Para un joven que busca su primer empleo, ésta es sin duda la sección más difícil: a menudo no se posee una idea muy clara en este sentido, y para colmo la primera parte del currículum parece demasiado vacía. Como ejemplo orientativo, se reproduce en la página anterior el currículum de un joven que se ha titulado recientemente.

La segunda información se refiere a los conocimientos o habilidades personales que se quieren destacar y que no figuran en las secciones precedentes. Por ejemplo, tener nociones de técnicas concretas de trabajo (programas, máquinas, etc.), o bien poseer determinados dotes particularmente útiles para la empresa (facilidad de relación, dotes de mando y de organización grupal).

La última información atañe a la capacidad de movilidad del aspirante; hay que indicar, por lo tanto, si se dispone, o no, de carnet de conducir y coche propio (puesto que puede tratarse de un requisito indispensable para la selección), así como la disponibilidad para realizar breves desplazamientos de trabajo o para eventuales traslados. Siempre es aconsejable insinuar una cierta disponibilidad para los viajes, puesto que significa un elemento muy tenido en cuenta por todas las empresas.

LA AUTOCANDIDATURA

Entre las muchas artes que nadie enseña y que cada cual debe aprender tarde o temprano, se encuentra el denominado «arte del saber venderse». De hecho, a todos nos ha ocurrido alguna vez en la vida que hemos tenido que afrontar una situación cuyo éxito ha dependido en gran parte de la habilidad con la que nos comportamos. Cuando nos referimos al éxito ajeno, ya sea o no profesional, utilizamos la expresión típica: «Es una persona que sabe venderse bien.»

La capacidad de convencer a los demás del propio valor (entendido en un sentido muy amplio y dejando a cada cual decidir en qué consiste este valor) es una de las bases fundamentales del éxito. Nadie podrá, sin embargo, convencer a los demás de algo de lo que no dispone; de hecho, es imposible vender lo que no existe (excepción hecha de que quien «compra» no tenga capacidad de valoración). El gran orador, tras cuyas palabras a menudo no se encuentra sustancia alguna, vende exclusivamente la propia habilidad retórica, lo cual podemos comprobar en el mundo de la política. De ello se deriva que **venderse** (palaba que usamos con cautela y con las oportunas comillas) no significa «ofrecer a los demás únicamente conocimientos o habilidades», sino, sobre todo si hablamos de jóvenes en busca del primer empleo, un cierto estilo de comportamiento, una gran tenacidad y voluntad, así como la seguridad de poder aportar algo útil a la empresa.

Cuando nos encontramos a la búsqueda y captura de un trabajo, con todo, resulta bastante difícil establecer un contacto directo con las empresas. Es preciso, pues, intentar «venderse» con otros sistemas.

1. La **autocandidatura**, o sea, ofrecer los propios méritos a un interlocutor del cual ignoramos lo que está buscando y, sobre todo, si realmente está buscando a alguien.
2. El **anuncio de oferta de empleo**, o sea, proponerse a alguien que desea encontrar una persona con un perfil determinado.
3. La **recomendación**, o sea, hacerse presentar por otra persona a una empresa de la que ignoramos si precisa cubrir alguna vacante; la persona que nos presenta debe poseer ya un contacto directo con la empresa y, sobre todo, una posición de fuerza respecto a quien debe recibirnos.

A continuación, analizamos cada una de las tres posibilidades, empezando por la autocandidatura, poniendo énfasis en los requisitos básicos y citando algunos ejemplos prácticos.

La autocandidatura escrita: requisitos básicos

La autocandidatura escrita presenta generalmente la forma de una carta, preferiblemente manuscrita, a la cual remitimos nuestro currículum vitae mecanografiado. Todo ello permite al lector obtener una impresión concreta de la persona a partir de las características de su escritura.

El análisis grafológico como sistema de selección, bastante extendido en Francia y otros países europeos, está adquiriendo una importancia cada día mayor en España, especialmente en el sector de la banca, las aseguradoras o, en general, en las empresas más selectivas.

Por tanto, es poco recomendable la ausencia total de elementos manuscritos en la carta enviada a una empresa.

Por otro lado, la carta de autocandidatura debe siempre:

— Suscitar el interés del lector, ya sea gracias a su presentación gráfica o gracias a sus contenidos, indicando siempre el puesto que se desea ocupar (aunque sea mediante una descripción sumaria).

— Ser breve y no superar nunca un folio mecanuscrito; el espacio interlineal debe ser, como mínimo de un centímetro.

— Dirigirse a alguien en concreto: nunca debe enviarse a la empresa sin más indicaciones personales. Siempre que sea posible, se debe especificar el nombre y los apellidos de quien se desea que la reciba.
Un sistema tan simple como eficaz consiste en contactar por teléfono con la empresa y pedir a la telefonista el nombre del responsable del personal, aduciendo cualquier excusa (envío del currículum o de material no especificado), o bien fingiendo conocerlo (a riesgo de ser puesto directamente y de improviso con la persona en cuestión). Si no es posible obtener el nombre, puede enviarse la carta directamente al administrador delegado (sólo en el caso de que se trate de pequeñas y medianas empresas), localizando el nombre a través   de la Cámara de Comercio.

— Si es posible, realizarla en papel personalizado (con nombre y apellidos impresos en la parte superior). Si no es así, puede adjuntarse la propia tarjeta de visita en el ángulo superior izquierdo (existen máquinas que las confeccionan en pocos minutos en cualquier supermercado), para ofrecer una impresión de orden y claridad a la carta. Puede también escribirse el encabezamiento a máquina, pero son preferibles las soluciones antes indicadas.

— Utilizar papel «extrafuerte» blanco, evitando en cualquier caso emplear papel de otro tamaño o color.

— Fotocopiar la carta antes de enviarla, para poder comprobar los datos incluidos en caso de ser seleccionado.

— Firmarla, indicando nombre y apellidos en este orden; si se colocaran los apellidos en primer lugar, se daría la impresión de ser una persona temerosa e insegura

— Franquearse normalmente, evitando enviarla por correo certificado o con acuse de recibo. Es recomendable comprobar en una oficina de correos que el franqueo sea correcto. Si es posible, es oportuno entregarla personalmente en la empresa.

¿Qué recorrido sigue la carta de autocandidatura?

Generalmente, si se ha dirigido a una persona determinada sin la calificación de *confidencial/personal* (tal vez un tanto excesiva, dado el tipo de carta del que se trata), acabará sobre la mesa de la secretaria del destinatario, la cual la abrirá y la transmitirá a su superior, quien por su parte puede seguir cuatro reacciones distintas:

1. «Es exactamente la persona que estaba buscando», y ordena a su secretaria que convoque al remitente a una entrevista personal (lo cual ocurre en un 5% de los casos).
2. «Es el tipo de perfil que podría ser idóneo para sustituir a Sanz, que se jubila a final de año», y encarga a la secretaria que transmita al interesado un cuestionario con el fin de recabar mayor información (15% de los casos).
3. «Es un buen perfil, pero por el momento no nos interesa», y hace archivar el currículum en el fichero de la empresa, que está ordenado generalmente por funciones (60%).
4. «No nos interesa», y la carta acaba en la papelera (20%).

La carta de autocandidatura puede también enviarse a una agencia consultora que se ocupe de la selección de personal, o a los denominados «cazatalentos», ya que, cuanto más completos y amplios son sus archivos, mejor es la imagen de calidad que pueden ofrecer a las empresas. De todos modos, sino se ha contestado a un anuncio publicado por cuenta de la propia empresa, es muy difícil ser convocado para una entrevista inmediata.

La carta de autocandidatura: contenidos y ejemplos

Mientras que el currículum vitae es únicamente un almacén de datos e informaciones, la carta de autocandidatura debe responder a la personalidad del remitente. El problema, en este sentido, es el siguiente: **¿cómo puedo transmitir mi personalidad en un pedazo de papel?**

En resumen, hay que señalar:

1. Por qué se envía la carta de autocandidatura.
2. El tipo de puesto que se desea ocupar.
3. Las características principales de la propia personalidad.

Los apartados 1 y 2 deben ser indicados de manera explícita; el apartado 3, en cambio, debe darse a entender por la propia forma de la carta. Veamos algunos ejemplos.

EJEMPLO 1

**Carta de autocandidatura de un joven diplomado
con estudios de tipo artístico**

Ernesto Forcada
Balmes, 190, 3° 1ª
08006 Barcelona.

Muy Sr. mío

. . . .

. . . .
(a la atención del Sr. Álvaro Peña)

Barcelona, ...

Distinguido Sr. Peña:
   Tengo un gran deseo: desarrollar durante un mes el trabajo de *copywriter* en una buena agencia de publicidad como la suya.
   Si usted tuviera a bien acogerme por un período de prueba, podré reconocer si se trata de mi verdadero oficio, lo cual he creído desde hace mucho tiempo. Le envío mi currículum y dos trabajos cumplimentados durante mis estudios que le permitirán comprobar si tengo madera para emprender esta carrera.
   No deseo recibir retribución alguna, sino únicamente ser aceptado en calidad de prueba durante una temporada.
   Espero con impaciencia sus noticas, y aprovecho para transmitirle mis más cordiales saludos.

Ernesto Forcada

Este tipo de carta, que podría definirse como «creativa», tiene la gran ventaja de que permite al lector pensar que no le costará nada recibir a Ernesto Forcada, ya que no se trata de una petición de admisión. **La petición para poder efectuar un *stage* profesional, en lugar de la típica petición de admisión, es un modo muy eficaz de deshacer el hielo inicial.**

EJEMPLO 2

Carta de autocandidatura de una joven que posee el bachillerato clásico, aspirante a un puesto administrativo

Julia Martos
Lagasca, 13
28001 Madrid

Muy Sr. mío

. . . .

. . . .

(a la atención del Director de Personal)

Madrid, ...

OBJETO: PETICIÓN DE ADMISIÓN

Distinguido director:
    Adjunto le remito mi currículum vitae, con la esperanza de que tenga a bien dedicarle unos minutos de atención.
    No he desarrollado facultades especiales durante mis estudios y, por lo tanto, no conozco con exactitud el tipo de puesto que podría ocupar en su empresa; creo, sin embargo, que tengo ciertas dotes de disponibilidad y buena capacidad de relación interpersonal. Por lo tanto, me parece que podría desempeñar labores de secretaría, o bien ocupar un puesto en una oficina comercial.
    Domino el inglés y tengo conocimientos informáticos.
    Quedo a la espera de su amable respuesta que, más allá de una eventual entrevista personal, me servirá para comprender cuál puede ser el tipo de puesto que puede ajustarse a mi perfil profesional. Atentamente,

Julia Martos

Esta carta está planteada sobre dos elementos importantes que las empresas suelen esperar de los jóvenes: humildad y disponibilidad unidas a una buena dosis de valor apenas insinuado (al subrayar que en cualquier caso se espera una respuesta).

EJEMPLO 3

Carta de autocandidatura de una joven licenciada en humanidades (letras, lenguas, filosofía, magisterio, etc.) aspirante a un puesto de secretaria de dirección

Laura Álvarez
Còrsega, 270, 1º
08008 Barcelona

Muy Sr. mío

. . . .

. . . .

(a la atención de la Sra. Marín)

Barcelona, ...

Distinguida Sra. Marín:

Teniendo noticia de que su empresa está buscando una secretaria de dirección para la Oficina Comercial, me permito enviarle mi currículum vitae.

Me haría muy feliz poder ocupar el puesto, que considero adecuado, dada mi formación y mis aspiraciones; creo que mi licenciatura me ha proporcionado conocimientos y métodos de trabajo útiles, sobre todo en el área de coordinación y de apoyo operativo.

Por otro lado, le informo de que tengo un buen conocimiento de las lenguas francesa e inglesa, así como de mecanografía. En el caso de que fuera necesaria la taquigrafía, le manifiesto desde ahora mi total disponibilidad, en caso de aceptación, a asistir a un curso nocturno intensivo.

Con la esperanza de que mis informaciones sean correctas, quedo a su disposición para una eventual entrevista personal y aprovecho para saludarla atentamente.

Laura Álvarez

Este tipo de carta, como la anterior, revela humildad y disponibilidad, unidas a un buen sistema de información: no siempre es fácil averiguar las empresas que buscan personal. Cabe estar en disposición de aclarar cómo se ha accedido a dicha información.

La autocandidatura oral

El sistema de la autocandidatura oral se usa muy raramente: sin embargo, en casos como los que vienen a continuación, es más eficaz que el sistema escrito.

1. **Cuando se ha tenido noticia de que una empresa está buscando con urgencia cierto perfil profesional.** Sucede frecuentemente que nos enteramos en el último momento de que una empresa determinada está buscando una persona para un puesto que nos interesa. Esta información, generalmente, nos la proporcionan aquellos candidatos que se lamentan por el hehco de no haber logrado superar la selección. Enviar una carta con el currículum significaría una pérdida, como mínimo, de tres días. Conviene pues, llamar por teléfono a la persona que se ocupa de la selección, preguntarle si el puesto todavía está vacante y, en caso negativo, exponer las propias características profesionales con objeto de comprobar si se ajustan al puesto. Si es así, se entrega personalmente, o bien por fax, el currículum completo, o se concierta directamente una cita, ya que normalmente es bastante incómodo hablar por teléfono con desconocidos para ofrecerse para ocupar un puesto de trabajo, se dan a continuación ejemplos de conversaciones telefónicas para cada uno de los casos señalados más arriba.

   Este tipo de conversación telefónica, decididamente frío y distante, es sin embargo muy habitual cuando se contacta con personas que temen verse asediadas por los aspirantes. No cabe, pues, ofenderse o insultar al interlocutor por su descortesía: se trata de un comportamiento normal en una empresa. Simplemente, hay que enviar el currículum lo más rápidamente posible, puesto que no se ha dicho nada respecto a la selección; por lo tanto, hay que pensar que no ha sido todavía cubierta.

En los ejemplos de las páginas siguientes se utilizan las siglas:

RP = Responsable de Personal
C = Candidato/a

EJEMPLO 1

C.   Buenos días. Soy [nombre y apellidos] y me permito molestarle porque he tenido noticia de que usted se encarga de la selección para ocupar [puesto deseado]. Si la vacante todavía no ha sido cubierta, me gustaría poder presentar mi solicitud. ¿Podría darme más información sobre el perfil que solicitan?

RP.   Mire, no puedo dar ninguna información por teléfono. Envíeme su currículum y veré si su candidatura se ajusta al perfil del puesto que se ofrece.

C.   Sí, lo entiendo. ¿Sería tan amable de darme su apellido, para poder remitírselo directamene a usted?

RP.   Envíelo simplemente a la atención del director de personal, ya me lo transmitirán. Adiós, buenos días.

---

2.   **Cuando el propio currículum de estudios y/o profesional es tan especializado, que sería ineficaz enviarlo por correo.**   Si, a causa de una especialización excesiva de los estudios cursados o a la experiencia profesional desarrollada, sólo una mínima parte de las empresas pueden estar interesadas en nuestros servicios, es conveniente ponerse en contacto con ellas de manera directa, a ser posible entrevistándose con el director de personal. Debemos suponer que estas empresas pueden estar buscando personas que se ajusten a nuestro perfil, ya que cuanto más raro es el producto, más se empeñan los compradores en adquirirlo. Pensad, por ejemplo, en los productos de alimentación (trufas, setas, salmón), que no necesitan ser avalados por ningún tipo de publicidad. La carta de autocandidatura es una forma de publicidad y, en este caso concreto, no es imprescindible.

Este tipo de entrevista, dirigida sobre todo hacia aspectos profesionales, permitirá presagiar que pueden existir posibilidades para el candidato. Éste deberá cumplimentar la ficha que le enviará la empresa (y, por lo tanto, no enviar el currículum) y esperar a que se le convoque a una entrevista personal. Si en un mes y medio ésta no se ha producido, cabe volver a llamar para enterarse de lo sucedido.

EJEMPLO 2

C.   Buenos días. Me llamo [nombre y apellidos]. Me permito molestarle para informarme sobre la posibilidad de concertar una entrevista personal. Tengo entendido que su empresa está interesada en contratar personas que hayan estudiado [título académico] y estén especializadas en el área de [rama].

RP.   Sí, estamos interesados en contratar a este tipo de personas. ¿Usted tiene conocimientos, además, de la rama de[...]?

C.   No muy profundos, pero los tengo. Trabajé en ese sector durante 6 meses.

RP.   Mire, como en este momento no puedo dedicarle mucho tiempo, le paso con mi secretaria, que tomará sus datos y le enviará nuestra ficha. Cuando yo la haya recibido, la transmitiré al director general y, en caso de interesarnos, le convocaremos para una entrevista personal.

C.   Estupendo. ¿Podría indicarme, con todo, cuánto tiempo puede pasar entre la recepción de la ficha y la eventual entrevista?

RP.   Yo diría que alrededor de un mes. Estamos realmente ahogados de trabajo. Le paso con mi secretaria. Adiós, buenos días.

---

3.   **Cuando se siente especial inclinación por los contactos directos antes que por los indirectos.**   Si no consigue expresarse cómodamente por escrito, es siempre preferible realizar una llamada para presentarse directamente, que enviar una carta mal escrita, que, además, no corresponda a la propia personalidad. En este caso, es recomendable plantear la conversación como una autopresentación en toda regla.

Por lo tanto, cabe prepararse un esquema previo, para lo cual puede consultarse el apartado «La autocandidatura escrita». La solución más ventajosa sigue siendo, con todo, la de tratar de concertar una cita; si no lo conseguimos, hay que facilitar la mayor información posible por teléfono.

Esta conversación, muy embarazosa, puede evitarnos tener que enviar un currículum tradicional, en sustitución del cual podemos enviar una simple ficha en la que, haciendo previa referencia a la charla mantenida con anterioridad, deben indicarse sólo los datos personales, estudios y experiencia profesional.

EJEMPLO 3

C.   Buenos días, me llamo [nombre y apellidos]. Quería saber si sería posible concertar una entrevista.

RP.   (*Interrumpiendo*) ¿Con qué objeto?

C.   Quisiera presentarme personalmente para una eventual oferta de trabajo de [cargo].

RP.   Envíeme su currículum vitae y, en el caso de que nos interesara, ya le convocaríamos para una entrevista.

C.   Disculpe mi insistencia, pero antes preferiría asegurarme de que pueda interesarles un perfil profesional como el mío... (*Y describe rápidamente los estuidos y la experiencia anterior.*)

RP.   En principio sí podría interesarnos. Sin embargo, necesito todos los datos para poder analizarlos mejor.

C.   Se lo agradezco mucho. Le enviaré una ficha con mis datos. Adiós, buenos días.

---

4. **Cuando se intenta emprender un camino que exige valentía.**   Si creemos tener madera de vendedor nato, puede intentarse la línea recta. Incluso sin llamar antes, nos presentaremos directamente en la empresa, preguntando por el director de personal (aunque será bastante difícil ser recibido por él).

    En caso de éxito (calculado en 1 de cada 15 casos), será siempre el método de presentación más eficaz. Para seguir este camino hay que ser, con todo, muy valiente, tener un poco de «cara dura» y, especialmente, estar preparado para encontrarse de patitas en la calle.

    No proponemos ejemplos, porque las estrategias de venta, cuando ésta nos concierne a nosotros mismos, son totalmente individuales y, por lo tanto, imposibles de generalizar.

5. **Cuando se conoce a la persona que se encarga de la selección en la empresa.**   En este caso podemos intentar contactar directamente con ella. Si no queremos que parezca que buscamos una recomendación personal (véase el capítulo dedicado a «La gestión de la

recomendación»), deberemos plantearla como una simple petición de consejo, antes que como una entrevista para ser admitido. Si la persona se da cuenta de que el solicitante se ajusta a un puesto determinado, se lo propondrá espontáneamente.

EJEMPLO 5

C.   Buenos días, soy [nombre y apellidos]. No sé si se acuerda de mí, pero nos conocimos en casa de [...]. Perdóneme si le molesto, pero, como me acabo de licenciar, quería pedirle algún consejo para orientar mi futuro profesional, ya que usted es precisamente director de personal. Le advierto que no pido ser admitido en su empresa, sino simplemente un consejo.

RP.   ¡Ah, sí!, ya le recuerdo. Sí, claro, por supuesto. Yo le sugeriría que, para no hacerle venir hasta aquí, podríamos tomar un aperitivo; ¡así no hablaremos sólo de trabajo!

C.   Muy bien. Perfecto. Dígame cuando le iría bien...

Este tipo de conversación, de la que se desprende el evidente temor que tiene el candidato de ser malinterpretado, sólo puede darse entre dos personas que se hayan conocido previamente y tengan un cierto grado de confianza. No es aconsejable hacerlo en caso contrario, puesto que nos arriesgamos a vernos en el aprieto de aclarar quiénes somos.

EL ANUNCIO DE DEMANDA DE PERSONAL

El anuncio de demanda de personal representa el modo más tradicional y, en apariencia, más sencillo de encontrar trabajo. Basta con adquirir algún periódico en días que se reservan varias páginas a la publicación de anuncios de demanda de personal (normalmente, los domingos), y nos sorprenderemos de la cantidad de anuncios que existen.

Una lectura más detenida demuestra, sin embargo, que la mayoría de los puestos solicitados suelen exigir un perfil extremadamente especializado, con una larga experiencia a las espaldas o bien con titulación de estudios técnicos. Al joven que se acaba de licenciar, pues, le quedarán muy pocas oportunidades (excepto a los ingenieros, que siempre andan muy buscados).

¿Cómo se plantea un anuncio de demanda de personal? ¿Cómo debe responderse? ¿Cómo están organizadas las agencias consultoras que se ocupan, por lo general, de realizar la selección? ¿Cómo podemos saber los motivos por los que no hemos sido convocados? Estas y otras muchas preguntas se las plantean todos aquellos que se acercan al mundo de la búsqueda de empleo a través de los diarios, incluso los que ya poseen una experiencia profesional y desean recolocarse.

Los mecanismos de demanda de personal

Cuando una empresa desea incluir entre su personal a un nuevo empleado, puede recurrir a diversos procedimientos, desde el menos costoso hasta el más oneroso (en el caso de que la selección resulte muy difícil).

EL ARCHIVO INTERNO

Las empresas poseen un archivo de los currículum vitae recibidos, subdivididos por la titulación, funciones y experiencia profesinal. Cuando se desea incluir una nueva persona dentro de la empresa, se consulta este archivo, se extraen los currículum que se consideran idóneos y se convocan a las personas remitentes. Generalmente, estos archivos presentan el grave inconveniente de no estar actualizados: por lo tanto, es muy frecuente que la persona convocada no acepte la oferta, al haber encontrado ya el empleo deseado. El sistema de archivo, llamado también «demanda directa», cuando funciona, es evidentemente el menos costoso.

EL ARCHIVO EXTERNO

Cuando el archivo de la empresa no ofrece resultados satisfactorios, ésta debe recurrir a las agencias consultoras, las cuales disponen de unos archivos muy completos y actualizados, al tener que atender constantes solicitudes por parte de las empresas. En este caso, el coste para la empresa concierne a la selección en su dimensión global.

La agencia consultora no proporciona simplemente los currículums adecuados a la plaza solicitada, sino que asume íntegramente el proceso de selección. Por lo tanto:

— comprueba sus archivos;
— extrae los candidatos adecuados;
— convoca a las personas y realiza una entrevista para conocer las aptitudes del candidato, y/u organiza sesiones de test psicotécnicos;
— presenta ante la empresa un «elenco de aspirantes» (generalmente tres);
— asiste a la empresa en la selección definitiva, mediante entrevistas de carácter técnico.

El coste de una demanda directa o de archivo varía entre el 10 y el 15 % de la retribución bruta anual de la persona seleccionada (por ejemplo, sobre 4 millones brutos, que suponen el total de unos 2,8 millones netos anuales, el coste de la selección ronda las 400.000 pesetas).

Es de destacar que, a pesar de que la empresa no encuentre la persona idónea para cubrir el puesto, deberá pagar alrededor del 30 % de la cantidad establecida en el anuncio de demanda de personal (en este caso, sería del orden de las 150.000 pesetas).

LA DEMANDA EN LA PRENSA

Cuando ni el archivo externo ni el de la agencia consultora están en disposición de resolver el problema relativo a las exigencias propias de un nuevo puesto, y se cree oportuno hacer publicidad de tipo «institucional» por parte de la propia empresa o de la agencia, se utiliza el sistema de la demanda de personal a través de un anuncio publicado en la prensa local o nacional.

La demanda de personal en prensa representan entre el 30 y el 40 % del total de las demandas, y puede recurrirse a ellas como medio de verificar las motivaciones de los potenciales candidatos; cuando se emplea el archivo, de hecho, no se sabe realmente si la persona convocada puede estar interesada en ocupar cierto puesto.

El coste de una demanda de empleo en la prensa, de la que analizaremos a continuación los contenidos, varía entre el 12 y el 18 % de la retribución bruta de la persona admitida. A tal cantidad debe añadírsele el coste específico de la publicación, que oscila entre 100.000 y 700.000 pesetas (o más, según el periódico elegido).

El procedimiento de selección es el siguiente:

— recepción del currículum;
— selección de los aspirantes más adecuados;
— convocatoria de los aspirantes a una entrevista y/o una sesión de test psicotécnicos;
— presentación de un elenco de candidatos a la empresa (entre 3 y 5 personas);
— asistencia a la empresa en la selección de la persona adecuada al perfil solicitado;
— *feed-back* o asistencia «posventa» a la empresa durante los seis meses siguientes a la inserción de la persona;
— respuesta por escrito a todas las personas que presentaron su solicitud (desgraciadamente, esto no ocurre siempre y, cuando ocurre, se produce con mucho retraso).

La utilización de la demanda de personal por medio de un anuncio en la prensa puede ser adoptada indistintamente por las agencias consultoras, o bien por las propias empresas (únicamente en el caso de que dispongan de una sección interna dedicada a la selección de personal). Hay que destacar que, incluso en este caso, la empresa debe hacer frente a los gastos, independientemente del éxito de la convocatoria: el coste del anuncio, si el proceso de selección se efectúa desde la propia empresa; el coste del anuncio y, además, el 30 % de la cantidad estipulada como retribución, si la demanda viene tramitada por una agencia.

El elevado coste de este procedimiento explica por qué resulta tan difícil leer en el diario demandas de jóvenes recién titulados. Generalmente, las empresas recurren a este sistema cuando el perfil deseado es de tipo medio-alto, lo cual hace más laborioso de seleccionar.

LA BÚSQUEDA MEDIANTE «CAZATALENTOS»

La demanda de personal a través de *head hunting* (es decir, «cazatalentos») se realiza generalmente sólo en el caso de altos cargos ejecutivos: directores, administradores delegados, etc. El mecanismo es el siguiente: cada «cazatalentos» conoce en profundidad un determinado sector y las personas que en él trabajan (por ejemplo: en el sector alimentario, los directores de producción de las mayores empresas italianas y europeas).

Esta tupida red de relaciones y contactos le permite, en el momento en que se le encarga una selección en tal o cual sector, presentar a la mejor persona disponible en el mercado. El mecanismo es, ciertamente, muy simple; en cambio, es muy difícil llegar a tejer esa red de contactos que pueden conducirle al éxito en la selección de personal.

El coste de este procedimiento varía entre el 30 y el 40% de la retribución bruta anual de la persona seleccionada.

El origen del anuncio de demanda de personal

Supongamos que una empresa haya intentado realizar una selección de personal a través de la consulta de archivos (interno y externo), todo ello sin éxito. Decide, entonces, cubrir el puesto mediante la publicación de un anuncio en el periódico. Puede decidir hacerlo en nombre propio, como empresa, o bien trasladar el encargo a una agencia consultora.

En todo caso, deberá hacerse un análisis de este tipo:

1. Título de estudios, edad, experiencia o conocimientos indispensables para la selección.

2. Habilidades personales, características y aptitudes indispensables para la colaboración con los compañeros y para la relación con el/los superior/es.

3 Funciones que la persona deberá desempeñar.

4. Elementos a valorar con preferencia.

Se describen a continuación dos ejemplos de perfil-tipo. En términos técnicos, se habla de «análisis de las necesidades». Se precisa que se trata de dos perfiles realmente establecidos por una empresa instalada en la Cataluña interior y que opera en el sector de los productos para la construcción.

Perfil 1: secretaria de dirección

PUESTO: responsable de secretaría.

SEXO: femenino.

EDAD: comprendida ente los 25 y los 35 años.

REQUISITOS INDISPENSABLES: buena presencia, nivel cultural medio-alto, mínimo 4 años de experiencia, capacidad de expresión, dominio del inglés, predisposición a las relaciones comerciales y a la gestión de los recursos de venta, carácter apacible y tranquilo, acusada personalidad, experiencia en la utilización de procesador de textos, redacción de textos (comunicaciones internas, memorias, cartas comerciales), y en las funciones de secretaría de dirección, capacidad de iniciativa.

SE VALORARÁ: conocimientos de francés, residencia en la zona de actividad de la empresa.

HORARIO: 8.30-13.30/15.00-18, excepto sábados.

RETRIBUCIÓN BRUTA MÁXIMA: 1.760.000.

FECHA MÁXIMA DE ADMISIÓN: antes del 15 de septiembre de 1992.

ÁREAS CLAVES:

— secretaria general (centralita, *workstation*, fax, archivo, registro, *reception*, organización de los vendedores);
— secretaria de dirección (organización y control de agenda, organización y control de proyectos, correspondencia, comunicaciones, asistencia genérica).

Perfil 2: asistente técnico comercial

PUESTO: técnico comercial.

SEXO: masculino.

EDAD: comprendida entre los 25 y los 35 años.

REQUISITOS INDISPENSABLES: servicio militar cumplido, disponibilidad absoluta (5 días a la semana a tiempo completo), predisposición al trabajo fuera de la empresa (70.000 km al año), sensibilidad comercial, integridad moral.

SE VALORARÁ: título de delineante, conocimiento del sector, espíritu de iniciativa, capacidad organizativa, carácter fuerte y convincente.

ZONA OPERATIVA PRINCIPAL: provincia de Lleida.

HORARIO: *open*, excepto sábados.

RETRIBUCIÓN: sueldo según convenio + eventuales incentivos.

GASTOS: fondo mensual para gastos de 80.000 pesetas, pago mensual de autopista, gas metano/gasolina para el coche, comidas.

DOTACIÓN: automóvil, teléfono portátil.

FECHA MÁXIMA DE ADMISIÓN: antes del 15 de septiembre de 1992.

ÁREAS CLAVES:

— planificación y control (programa de visitas a clientes, redacción de informes sobre visitas a clientes);
— control de clientes y de mercado (visitas, llamadas telefónicas, cartas, selección de nuevos trabajos);
— asistencia técnica (análisis técnico preliminar, consultas en canteras, visitas a los proyectistas);
— promoción de ventas (previas, control de tratos en curso, presentación de la empresa y sus productos, promociones).

A continuación, se procede a la redacción de un anuncio que puede, como es lógico, no incluir todos los elementos enunciados, sino sólo los considerados más importantes. El anuncio de demanda de una secretaria de dirección se estructuraría seguramente así:

Mediana empresa de la zona de Lleida, operativa en el sector de los productos de construcción, en el ámbito de un programa de desarrollo de la investigación solicita una:

SECRETARIA DE DIRECCIÓN

Se encargará de organizar el área de secretaría general, asistiendo al director comercial en la organización de los equipos de venta.

Requisitos indispensables: edad enter 25 y 35 años, buenos conocimientos de ofimática y de inglés, experiencia en puesto similar de al menos 4 años, capaciad de iniciativa, autonomía.

Se ofrece: integración en una empresa en expansión, independencia de decisión y buenas expectativas de rápida promoción.

Retribución y cualificación laboral en función de la experiencia demostrada.

Se considerarán méritos preferentes: la residencia en la zona de Lleida y el conocimiento de una segunda lengua.

Dado el carácter urgente de la demanda, se ruega enviar currículum por correo urgente o por fax a ... (ref. 99/91).

Si no se recibiera respuesta en el plazo de 30 días, la selección se considerará finalizada.

El anuncio de demanda de un técnico comercial se estructura, en cambio, del siguiente modo:

Mediana empresa, de la zona interior de Cataluña, operativa en el sector de los productos de la construcción, en fuerte expansión, busca:

TÉCNICO COMERCIAL

Se ocupará de organizar las ventas en la provincia de Lleida, con objeto de obtener los objetivos definidos conjuntamente con la empresa.

Requisitos indispensables: edad comprendida entre los 25 y 35 años, experiencia en el sector de los bienes industriales, elevada autonomía de decisión.

Se ofrece: sueldo fijo más incentivos, coche a cargo de la empresa equipado con teléfono, carpeta de clientes y autonomía organizativa.

Se valorará: título de delineante, introducido en el sector de las canteras y las empresas de la construcción, así como experiencia en la coordinación de equipos de venta.

Dado el carácter urgente de la demanda, se ruega enviar currículum por correo urgente o por fax a ... (ref. 100/91).

Si no se recibiera respuesta en el plazo de 30 días, el puesto deberá considerarse cubierto.

Corresponderá a la empresa:

• Escoger una de estas tres opciones:

a) convocar oficialmente la selección, la cual se desarrollará de manera individual;

b) confiar únicamente la publicación del anuncio a una agencia consultora (siempre y cuando se incluya en el anuncio la advertencia «La empresa se encarga directamente de la selección»;

c) confiar, ya sea la publicación o la propia selección, a una agencia consultora.

La primera opción tiene la ventaja de contribuir a hacer indirectamente publicidad de la propia empresa. Cuando una empresa busca varios profesionales al mismo tiempo, es un signo de que se encuentra en un buen momento. Sin embargo, corre el riesgo de ser literalmente «asediada» por parte de los aspirantes, con el consiguiente cruce de influencias y recomendaciones (siempre muy embarazosas).

La segunda opción tiene, por su parte, la ventaja de poner un filtro a los candidatos, al no figurar visible el nombre de la empresa solicitante. En cambio, resulta mucho más caro que la simple publicación del anuncio de prensa.

La tercera opción, por último, presenta la ventaja de delegar totalmente la selección en un tercero, con el ahorro consiguiente de ese bien escaso que es el tiempo. Tiene el inconveniente de no poder controlar totalmente todos los pasos de la selección. Cada una de las tres opciones debe analizarse en función de la existencia de una sección en la propia empresa dedicada a la selección de personal; en caso de no ser así, parece necesario inclinarse por la tercera opción.

• Elegir el diario más adecuado para la publicación del nauncio. En caso de tratarse de la demanda de un vendedor, en consideración al desajuste entre la sede de la empresa y el área de acción del empleado, deberá optarse por un periódico local.

El análisis y la respuesta a un anuncio de demanda de personal

Cuando abrimos las páginas de un diario por la página de demanda de personal, nos sentimos atraídos instintivamente por los anuncios de mayores dimensiones. Esto no es siempre lo mejor. Evidentemente, los anuncios más «importantes» corresponden siempre a empresas que invierten mayor capital en la selección de su personal; las hay, con todo, que consideran inútil invertir tanto dinero en un anuncio, y optan entonces por publicar uno de pequeñas dimensiones. La primera re-comendación es, pues, comprar todos los periódicos que publiquen anuncios de demanda de personal (quizá repartiéndose la compra con otros compañeros, o confiando el encargo a una agencia que proporcione orientación a los demandantes de empleo), y leer detenidamente todos los anuncios. En muchos periódicos, al lado de las demandas de las empesas aparecen las ofertas de particulares o de agencias consultoras. Por lo tanto, es necesario leer con mucha atención, evitando responder a los anuncios que no están solicitando personal, sino ofreciéndolo.

Por lo que respecta al anuncio, hay que analizar preferentemente:

1. Si la propia zona de residencia coincide con la sede de la empresa, o si se está dispuesto a un eventual traslado. Si la sede de trabajo no aparece indicada, corresponde por lo general a la de la agencia que se encarga de la selección.

2. Qué demandas cumplen los requisitos que podemos cumplir.

3. Cuáles de estos requisitos se poseen en mayor número.

4. Si las condiciones ofrecidas satisfacen las expectativas.

    Hay que valorar si:

1. El lugar de trabajo resulta compatible con la propia situación familiar.

2. Cumplimos al menos un 60% de los requisitos de la demanda.

3. Las condiciones ofrecidas son interesantes.

La mayor dificultad se plantea en el apartado 2, ya que debemos valorar si nuestros méritos coinciden con los requisitos de la demanda. Muy pocos candidatos coinciden plenamente con el perfil deseado por la empresa solicitante. Si ésta está buscando un ingeniero técnico con al menos 3 años de experiencia en el sector del peritaje, la única persona que podría responder a este perfil (excepto, claro está, un ingeniero que sí cumpla este requisito) será un périto mecánico con 8 años de experiencia en este sector. Sería inútil que solicitara el puesto un perito que se acabara de titular. Podría escribir también un ingeniero titulado recientemente, siempre y cuando hubiera realizado una tesis específica de ese sector (aunque tendría menos posibilidades de éxito).

El consejo general es que debe interpretarse el anuncio: si la empresa busca un determinado perfil (esquemático, por motivos de espacio), significa que está buscando una competencia determinada. Si esta competencia se ha adquirido también a través de otros procedimientos (trabajo, *stage*, estudiso, etc.) resulta oportuno responder a la demanda.

El mismo razonamiento es válido en el caso en que una empresa solicite una secretaria de dirección titulada con 5 años de experiencia. Una joven que se haya licenciado recientemente en lenguas y que, por ejemplo, haya realizado unos cursos de informática y mecanografía, puede responder perfectamente al anuncio.

La licenciatura no corresponde a una experiencia profesional, pero le ha permitido adquirir un cierto estilo de comportamiento y una cultura general muy útil para el puesto.

Por lo que concierne a los requisitos de edad, son bastante flexibles: si el anuncio solicita una edad comprendida entre los 30 y los 40 años, también podrán responder aquellos que, poseyendo todos los demás requisitos, tengan una edad ligeramente inferior o ligeramente superior. No sería oportuno, por el contrario, responder si se tiene menos de 25 años o más de 45.

La advertencia, que figura al final de anuncio, «retribución y cualificación profesional se definirán en virtud de la experiencia demostrada» es, por lo común, un signo de flexibilidad por parte de la empresa.

La carta de respuesta a un anuncio de demanda de personal

La carta de respuesta a un anuncio de demanda de personal debe ser sintética, breve y extremadamente legible. Si la propia escritura no es demasiado clara, siempre es mejor utilizar una máquina de escribir. Si en el anuncio figura un número de fax, recomendamos utilizar este sistema (más rápido y seguro); en caso de no poseer un aparato propio, puede recurrirse a centros comerciales dotados de servicio de fax.

La carta y el sobre deben indicar la referencia de demanda.

La carta que se adjunta al currículum vitae debe figurar aparte del propio currículum.

Ejemplo de carta de respuesta a un anuncio de demanda de personal

[Nombre y apellidos]
[Dirección]
[Ciudad y código postal]

A la atención de
[indicar la agencia consultora o la empresa destinataria]

[fecha]

OBJETO: Anuncio aparecido en [título del diario o revista] con fecha [la que corresponda], ref. [n.º de referencia].

Muy Sr. mío:

En referencia al anuncio de demanda de empleo citado anteriormente, me permito enviarle adjunto mi currículum vitae.

Quedo a su disposición para una eventual entrevista personal, confirmándole mi interés por el puesto solicitado, el cual considero ajustado a mi experiencia, aptitudes y capacidades.

En espera de su amable respuesta, aprovecho para saludarle atentamente.

[firma]

Antes de analizar un ejemplo concreto de tramitación de un anuncio de demanda personal, he aquí dos sugerencias finales:

— No llamar por teléfono en ningún caso a la agencia consultora o a la propia empresa antes de haber sido convocado a una entrevista personal, preguntando por el destino de nuestro currículum; tras la entrevista, si transcurre un tiempo excesivo (véase al respecto la sección dedicada a la entrevista de selección), puede ser oportuno llamar directamente a la persona con la que hemos mantenido el primer contacto, para informarse sobre lo ocurrido.
— No hacerse demasiadas ilusiones con la primera carta; desgraciadamente, en muchos casos las empresas y agencias consultoras no dan una respuesta a todos los candidatos, y menos aún si ésta es negativa.

Ejemplo de anuncio de demanda de personal

Empresa Multinacional líder del sector químico solicita para el desarrollo de sus estructuras en la sede central de Barcelona Norte:

ADJUNTO A CONTABILIDAD DE PROVEEDORES

— título de contabilidad,
— edad 25-28 años,
— dominio del inglés o alemán,
— mínimo 2 años de experiencia en contabilidad de proveedores o contabilidad general,
— conocimiento normativa IVA y fiscalidad,
— capacidad de trabajo autónomo con entorno informático.

Se ruega a los interesados envíen currículum vitae detallado, indicando en el sobre la ref. SO/Y 35786 a:

PQL SELECCIÓN-CALÀBRIA, 72-08015 BARCELONA

¿Quién puede responder a este anuncio? El candidato ideal sería aquel que poseyera todos los requisitos solicitados, pero pueden encontrarse otros candidatos posibles: por ejemplo, los titulados en contabilidad, jóvenes con una edad ligeramente menor (si un titulado empieza a trabajar en seguida, puede poseer dos años de experiencia con 22 años), con conocimientos de contabilidad general y dominio del inglés y la informática, o que hayan cursado algún curso de esta materia.

¿Quién no debe responder al anuncio? Aquellos que no posean un título de contabilidad, personas mayores de 29 años (porque, como parece evidente, la admisión se realizará en la forma de un contrato de formación profesional, cuyo límite está establecido legalmente en los 29 años), los candidatos que nunca hayan realizado funciones relacionadas con la contabilidad general (por ejemplo, no deberán responder quienes se hayan limitado a expender facturas). Por otro lado, parece lógico que, al tratarse de una compañía multinacional, el conocimiento profundo de las lenguas inglesa o alemana es, en efecto, un requisito del todo indispensable. Los conocimientos informáticos, en cambio, podrían no poseer un carácter discriminatorio.

Ejemplo de carta de respuesta a un anuncio de demanda de personal

Úrsula Arranz
Copèrnic, 30, 1°
08006 Barcelona

A la atención de
PQL SELECCIÓN
Calàbria, 72
08015 Barcelona

Barcelona, 23 septiembre de 1991

OBJETO: Anuncio aparecido en el periódico *La Vanguardia* el 20 de septiembre del corriente con ref. SO/Y 35786.

Muy Señores míos:

En referencia al anuncio citado más arriba, me permito enviarle mi currículum vitae, ya que estoy especialmente interesada en ingresar en una compañía multinacional relacionada con el mundo alemán.

Soy hija de madre alemana y quisiera aprovechar esta capacidad, a la que se unen estudios de contabilidad y años de experiencia en el ramo comercial, en calidad de adjunta de contabilidad.

Aclaro, con total honestidad, que mis conocimientos informáticos se limitan al programa de contabilidad usado en mi trabajo.

En espera de su respuesta, aprovecho para saludarle atentamente.

Úrsula Arranz

La candidata ha recurrido a un «truco», por otro lado genial: intenta insinuar que ha entendido que la empresa es una multinacional alemana, para lo cual será muy importante su ascendencia alemana. Efectivamente, tratándose del sector químico, es muy probable que sea así. Por otro lado, ha compensado la soberbia del principio con la conclusión de la carta, mucho más humilde (a pesar de que lo que le interesa precisamente a la empresa es el conocimiento de programas informáticos de contabilidad). Esta carta, a pesar de su necesaria brevedad, enfatiza la personalidad de la solicitante y suscita en el lector un cierto interés más que por los aspectos profesionales (ilustrado en detalle en el currículum vitae), por los humanos (valentía, decisión, humildad). Úrsula tiene, pues, muchas probabilidades de ser convocada.

CÓMO CONSEGUIR UNA RECOMENDACIÓN

«Quien esté libre de pecado, que tire la primera piedra» es un dicho que funciona en muchos casos de la vida. Incluso cuando se habla de la recomendación. Aunque sea un tema escabroso, resulta importante abordarlo en este libro, puesto que su objetivo es ayudar a todos aquellos que desarrollan una actividad en el mundo del trabajo o que pretenden ingresar en él para emprender una carrera. La recomendación no debe asimilarse únicamente a la que realiza el político o, en general, todo aquel que disponga de una situación de poder por la cual puede favorecer a alguien. Éste es el peor sentido de la recomendación porque no se basa en la estimación de méritos objetivos. Existe, sin embargo, todo un abanico de relaciones personales que pueden propiciar el ingreso en el mundo laboral o promocionarse dentro de la propia empresa. Es muy probable que todos, tarde o temprano, tengan que habérselas con este último tipo de recomendación que, ojo, puede vivirse de manera muy distinta por parte del interesado, pero que por parte de los demás (compañeros, amigos, etc.) se analizará como una recomendación de tipo clásico (juzgada de manera negativa).

Un ejemplo: siendo todavía estudiante de periodismo, quise realizar prácticas en un diario y le pedí a un amigo de la familia que me presentara al director, puesto que entre ellos existía una relación de amistad (¿le pedí, pues, una recomendación?). Sacrificando mis vacaciones, se me propuso que formara parte de la redacción del periódico durante todo el verano, en la sede que éste posee en una ciudad del Norte terriblemente calurosa, alojándome (para ahorrar) en un convento de monjas. Me pagaron, por tres meses de trabajo real —estaba la mitad de la redacción de vacaciones—, una cuarta parte del sueldo normal; por lo tanto no cubría ni siquiera los gastos. Al final del período de prácticas, el jefe de redacción quiso hacerme, sin petición previa por mi parte, una carta de presentación personal para el director del mayor diario de mi ciudad (¿me estaba ofreciendo, pues, una recomendación?). Yo había decidido, sin embargo, que la profesión de periodista no satisfacía mis expectativas profesionales, por lo que decliné su oferta.

Juzgando este episodio *a posteriori*, creo que hice uso de la recomendación en un primer momento, pero de una manera inofensiva desde el punto de vista moral: no hice daño a nadie y, aún más, le resolví un problema (aunque sea modestamente) a un diario de provincias que, de otro modo, se habría encontrado con su redacción desierta e inoperante, reportándome además una serie de incomodidades personales nada despreciables.

Por otro lado, es cierto que algunas personas valoraron muy positivamente el hecho de que hubiera podido afrontar el reto con la única ayuda de mis estudios y aptitudes personales.

Este ejemplo, absolutamente personal, quiere únicamente llamar la atención sobre los problemas que conlleva la definición de la palabra *recomendación*.

Significado y forma de la recomendación

Existen diversos tipos de recomendación. Para juzgar si se trata de una recomendación aceptable (desde el punto de vista moral) o no, hay que analizar con atención los elementos que la forman.

Se da un caso de recomendación basada exclusivamente en una relación de tipo comercial, es decir, según la locución latina *Do ut des* («Te doy para que tú me des»). Éste es el caso de la recomendación «política». A través de una cadena interminable, que se inicia con el vecino de la escalera que se presenta como representante vecinal para llegar a ser asesor municipal, la ley es siempre la misma. Cuantas más personas corran la voz, mayor número de votos creerá poder obtener el aspirante en las próximas elecciones. A veces el que emite la recomendación ni siquiera le ha visto la cara al que la recibe. Este tipo de recomendación funciona (cuando lo hace) especialmente en el caso de concursos públicos o para lograr un puesto en la administración pública. El mismo argumento puede aplicarse para la recomendación por el hecho de tener un «carnet» determinado. El concepto válido es el de «la unión hace la fuerza». La recomendación, en este caso, sirve para aumentar la presencia de representación de una empresa. Este tipo de recomendación se utiliza sobre todo en las grandes empresas de participación estatal. Pero, cuidado: es un tipo de recomendación que funciona de un modo muy distinto en la empresa privada. Aunque la ley lo prohíbe, las empresas privadas suelen informarse sobre las simpatías políticas de los candidatos a un nuevo puesto (aunque no estén afiliados); por lo tanto, si nos damos de alta en un partido o sindicato con la intención de obtener determinados favores, nos arriesgamos a dejar de lado muchas otras oportunidades.

Las recomendaciones políticas y por «carnet», aunque desgraciadamente estén muy arraigadas en el ámbito español, más que contrarias a un principio de moralidad determinado, son muy peligrosas, por el hecho de que el emisor de la recomendación no conoce a menudo a la persona recomendada, la cual, a su vez, no sabe cuáles son sus relaciones con la empresa en la que entra.

Supóngase, por ejemplo, que Luis, delineante titulado, pide una recomendación por vía indirecta a Joaquín, responsable de la Consejería de Obras Públicas, para encontrar trabajo. (No pide, pues, una recomendación para entrar en una empresa determinada, ni para ocupar un puesto determinado, sino, simplemente, para encontrar trabajo). Joaquín recomienda a Luis a la empresa X, la cual, dedicada al ramo de la construcción, se encuentra en el apuro de no poder negarle un favor al consejero; cortesía que, si le fuera denegada, seguramente acabaría pagando «caro» más tarde. Luis, pues, es admitido en X como diseñador, lo cual debería significar la solución definitiva para todas las partes: Luis tiene trabajo, Joaquín, un elector más, y la empresa X dispone de una línea de crédito en sus pugnas con el consejero (a pesar de haberse arriesgado a contratar a un inútil). Pero, suponiendo que Luis en realidad no quisiera y/o no estuviera preparado para desempeñar tareas de diseño, se encontrará de pronto en una empresa en la que, de manera inevitable, estará mal visto (¡es un recomendado!) y, además, desarrollando una labor que no le gusta. Pasados unos meses, Luis se sentirá totalmente frustrado. Joaquín habrá perdido un elector potencial, y la empresa X no sabrá cómo deshacerse de un colaborador que no le sirve para nada.

Existe con todo, otro tipo de recomendación, la cual se funda en una relación clara y honesta con quien nos puede recomendar y que se basa en aspectos profesionales antes que personales: más que de recomendación deberíamos hablar de *presentación*.

La experiencia muestra que sin la colaboración de los demás es difícil conseguir, ya sea un aceptable nivel de vida, ya sea los objetivos que cada cual se fije: siempre necesitamos a los otros. Esta reflexión es válida también cuando nos referimos a temas profesionales.

Si el Luis del ejemplo anterior, en lugar de dirigirse al consejero en busca de una recomendación, se hubiera presentado directamente ante el presidente de su instituto, a un profesor o a algún compañero que ya se hubiera informado previamente de las empresas constructoras de la zona; si, a continuación, se hubiera dedicado a elaborar su propio proyecto profesional, un buen currículum y todo aquello que le pudiera ser de utilidad; y, finalmente, se hubiera dirigido a la empresa X, haciéndose presentar simplemente por el vecino, que trabaja en el catastro (y que, tal vez, es precisamente quien, se encargó de transmitir la petición de recomendación al consejero), probablemente, aunque sólo «probablemente», hubiera sido aceptado para realizar otras funciones a la sazón más interesantes para él.

Seguramente, Luis habría invertido mayores energías y mucho más tiempo, pero le hubiera resultado mucho más rentable. Tampoco hay que menospreciar la frustración resultante del hecho de haber logrado cierto trabajo sólo por haber sido recomendado, y no como consecuencia de unas aptitudes y conocimientos personales.

Para poder valorar si es aconsejable recurrir o no a la recomendación, a continuación se proponen diversos aspectos que hay que tener presentes antes de tomar una decisión:

1. Seleccionar con cuidado la persona que realmente puede sernos de utilidad. A menudo, una persona que nos parece muy importante puede no ser la adecuada para recomendarnos. Es más útil dirigirse a aquellos que, conociendo a fondo un oficio determinado y el sector en el que se encuadra, tienen suficiente autoridad para presentarnos ante otros.

2. Asegurarse con antelación de cuáles son las empresas y los profesionales que más nos interesan. La recomendación debe solicitarse para un puesto concreto de una empresa previamente seleccionada, y no genéricamente. Dejamos de lado el tema de los concursos públicos, puesto que en este sector se aplican diversas leyes de acceso que son difíciles de comprender y, además, difícilmente nos permiten determinar el contenido profesional real de los puestos ofertados.

3. Presentarse siempre directamente a la persona que puede recomendarnos. Si éste no conoce personalmente al «recomendado», no se comprometerá demasiado, arriesgándose así a endeudarnos en nuestras relaciones con determinadas personas de las que no hemos obtenido provecho alguno.

4. Dejar claro que se recurre a la recomendación como última posibilidad, y que ya se han pulsado todas las otras teclas posibles para lograr el puesto.

5. Proporcionar a quien nos va a recomendar un currículum vitae completo y actualizado. Así evitaremos el riesgo de ser presentados ante la empresa como «Luis, al que se me ha pedido que recomendara», o bien «Luis, del que sólo sé el nombre y poca cosa más».

6. En la medida de lo posible, solicitar simplemente ser presentado con objeto de ser entrevistado por el jefe de personal de la empresa de nuestro interés. De este modo, no resultará una petición de recomendación directa.

7. En el momento en que se pide y se logra una recomendación, no dejarse embargar por sentimientos de culpa o de embarazo; ya que

se trata de una ocasión posiblemente única, hay que aprovecharla del mejor modo posible y sacar el máximo partido.

8. Cuando se es admitido mediante recomendación, especialmente en una empresa privada, hay que intentar por todos los medios entablar una buena relación con los compañeros, con objeto de vencer su inevitable «frialdad» inicial.

9. Cuando se es admitido mediante recomendación, además, cabe dedicar el máximo esfuerzo para salir airosos de la función que se nos ha encomendado: el primer objetivo debe ser el de ratificar ante los propios superiores las presunciones por las cuales se ha sido admitido —la opinión general es que quien recurre a la recomendación no debe ser demasiado competente, pues, en caso contrario, habría obtenido el puesto sin necesidad de recomendación alguna.

10. Por último, es aconsejable no olvidar que siempre puede haber quien goce de mejores recomendaciones: por lo tanto, no hay que dar nunca por seguro el resultado de nuestra estrategia.

En resumen: **la recomendación debe utilizarse sólo después de haber recurrido a todos los demás medios al alcance (que, en general, proporcionan mayores satisfacciones personales), haciendo de ella un uso cauto e inteligente.**

La petición de recomendación

Tras haber localizado a la persona que nos va a recomendar o a presentar, hay que entrar en contacto con él personalmente. Debe evitarse por todos los medios recurrir a terceros o parientes (especialmente, a los padres), que pudieran contactar previamente por teléfono con el interesado, solicitándole una cita.

Hay que evitar pedir recomendaciones por teléfono: podemos encontrarnos con la persona en cuestión en su oficina, o bien establecer antes un primer contacto llamándolo a su domicilio en un horario prudente.

En caso que tengamos que recurrir, finalmente, al teléfono, pediremos ante todo excusas por las molestias: a nadie le hace ninguna gracia tener que recomendar a un tercero. Con el tiempo y el abuso, la recomendación ha perdido el carácter elitista que poseía hace algunos años.

Hay que explicar por qué se recurre a la recomendación: cabe demostar, por lo tanto, que ya se han pulsado todas las teclas posibles. Si se solicita una recomendación sin haber optado nunca antes a un puesto laboral mediante una carta de autocandidatura, o respondido a un anuncio de demanda personal, se hará creer a nuestro interlocutor que no nos hemos molestado en absoluto en buscarnos la vida por nuestro lado.

El mejor modo de aproximarse puede ser explicar el tipo de trabajo que nos gustaría desempeñar, acabando nuestra exposición con una frase del tipo: «Mire, creo que puedo desenvolverme bien en este puesto; desgraciadamente, es tan difícil conseguirlo que me veo obligado a recurrir a su ayuda.» También será oportuno manifestar claramente la propia decisión, es decir, subrayar que estamos convencidos de querer dedicarnos a cierta profesión. Una buena manera de revelar este interés sincero puede ser ofrecerse para realizar un período de prueba sin sueldo durante tres meses en una empresa determinada antes de ser admitido definitivamente. Para nuestro interlocutor será mucho más sencillo recomendar a una persona que se muestra dispuesta a trabajar gratuitamente. Su conversación con la empresa se desarrollará seguramente del siguiente modo: «Conozco a un joven que tiene madera: me ha pedido que se lo presente para realizar una prueba en el sector de... No quiere una recomendación, sino simplemente estar a prueba. Me parece que les podría resultar de interés.» Ninguna empresa rechazaría un ofre- cimiento de este tipo; y, si el recomendado demuestra tener realmen- te «madera», tendrá muchas posibilidades de ser definitivamente admitido.

Ninguna empresa dejará «escapar» a una persona que demuestra poseer todas las bazas necesarias para desempeñar cierto tra-bajo.

Esta recomendación es muy eficaz ante las empresas medianas y pequeñas del sector privado, agencias de servicios y establecimientos comerciales, donde la recomendación tradicional es inútil.

En el caso de las grandes empresas o la administración del Estado el caso es distinto, pues aquí las disposiciones legales tienen mucho peso. Ante esta situación, será conveniente buscar a alguien que se encuentre realmente en una situación de privilegio, la cual nos pueda extender una carta de recomendación (la palabra *conveniente* no quiere decir que sea correcto o justo). Estas consideraciones nacen antes de una constatación de hecho sobre los mecanismos que operan en determinadas situaciones, que en un juicio de valor.

Para acabar, puede decirse que **hay que recurrir a la recomendación como último recurso para lograr un trabajo. Posee un alto riesgo que puede evitarse si, en cambio, recurrimos a sistemas propios, que reportan un mayor grado de satisfacción personal.**

LA ENTREVISTA DE SELECCIÓN

La entrevista de selección representa el momento más importante en la fase de busca de trabajo. Es precisamente durante la entrevista de selección cuando el candidato se pone en juego con objeto de conquistar el «puesto ideal».

La entrevista de selección puede desarrollarse de maneras muy diversas. Puede ser:

— una entrevista psicotécnica individual;
— una entrevista en grupo;
— o una charla técnica individual.

Una parte integrante y preliminar de la entrevista es muy a menudo de tipo test psicotécnico.

El test psicotécnico

Los test psicotécnicos son instrumentos de selección planteados para poner de relieve las características fundamentales del candidato. Los test de este tipo (que son diferentes a los test de cultura general o los de tipo exclusivamente técnico) tienen como objetivo determinar:

— las aptitudes para el razonamiento matemático;
— las aptitudes para el razonamiento espacial (abstracción);
— las aptitudes para el razonamiento lógico-verbal;
— las características de la personalidad (el denominado *test de perfil de la personalidad*).

Existen, además, muchos otros tipos de test, planteados en cada caso para satisfacer determinadas exigencias en relación con un trabajo concreto (programación, manualidades, etc.).

Generalmente, los test se presentan en forma de «batería», esto es: en el espacio de dos o tres horas, se proporcionan a los candidatos diversos tipos de test. El tiempo del que dispone el candidato para realizar cada test está prefijado de antemano. Cuando se ha sido convocado para una entrevista, pues, hay que informarse previamente si habrá que realizar o no algún test.

En caso afirmativo, cabe prever un par de horas para los test y otro par entre la entrevista y la espera entre los unos y la otra. A menudo, la selección se desarrolla a lo largo de un día entero: algunas empresas, de hecho, hacen los test, la entrevista de grupo y la entrevista personal en una única sesión.

Por lo que respecta a las modalidades de ejecución del test, el único consejo válido es el de proceder a **cumplimentar el test con absoluta tranquilidad, sin dejarse vencer por la ansiedad ante la gran cantidad de preguntas y la escasez de tiempo disponible.**

Por otro lado, hay que recordar que, puesto que los test no se venden en las librerías (excepto a los técnicos y expertos de la selección de personal), es del todo inútil tratar de recurrir a amigos y conocidos que los han realizado en otra ocasión para hacérselos explicar. El único «truco» que podemos sugerir es el de contestar todas las respuestas que podamos, incluso aquellas que no tengamos muy claras puesto que las que aparecen en blanco se valoran negativamente en el conjunto de la nota y, por tanto, es mejor probar suerte.

Una última sugerencia concierne a los denominados *perfiles de personalidad*, que podemos reconocer por el tipo de preguntas que planteas (por ejemplo: «Caminar por la playa, esquiar por la fría nieve, pedalear en bicicleta: indicar con un + la actividad con la que más nos identificamos y con un – con la que menos). Cuando nos enfrentamos a este tipo de test es absolutamente inútil intentar «interpretar» las preguntas, valorando su presunto significado psicológico: es conveniente, en cambio, dar siempre una respuesta que corresponda con la realidad (aquélla, pues, que nos viene primero a la cabeza), porque así ofreceremos un perfil psicológico coherente —tal vez no adecuado para ese puesto, pero al menos coherente—; en caso contrario, apareceremos como unos seres incoherentes y un tanto esquizofrénicos (y, por lo tanto, difícilmente la empresa deseará proseguir la selección con un sujeto de esta especie).

Por último, hay que recordar que la interpretación de los resultados de los test psicotécnicos no la realiza, como alguno podría creer, a un único psicólogo, sino que existe un complejo procedimiento de tipo matemático que, tras haber procesado las respuestas de cada candidato, haber trazado una media con el total de los candidatos y haberlas comparado con las respuestas «típicas» de individuos de parecida cultura, escolaridad, edad, etc., elabora una escala, a partir de la cual serán entrevistados los distintos candidatos (no hay que olvidar que las empresas suelen eliminar de la selección no sólo aquellos que han obtenido pocos puntos, sino que han obtenido demasiados: esto ocurrirá, por ejemplo, cuando el candidato ideal debe satisfacer un modelo de cultura y capacidad medias).

La entrevista en grupo

La entrevista en grupo es un método de selección adoptada sólo recientemente por muchas empresas y agencias consultoras. Los objetivos de la entrevista en grupo son:

— evaluar los comportamientos de los individuos y su capacidad de relacionarse en el interior del grupo con otros individuos;
— analizar una vasta serie de comportamientos y actitudes posturales (del cuerpo) de cada candidato;
— evaluar la *leadership*, esto es, la aptitud/capacidad de cada cual para ejercer funciones directivas.

La entrevista en grupo se organiza generalmente con la participación de entre 5 y 10 personas que, invitados a sentarse formando un círculo, deben analizar un tema propuesto previamente por el «observador» (una persona, generalmente un psicólogo, que asiste, sin intervenir, a la entrevista a lo largo de todo su desarrollo). El tema propuesto puede ser de mera cultura general, por ejemplo comentar una noticia reciente de carácter económico-político, pero también puede tratarse de una situación paradójica e inverosímil. Se ha hecho famoso el tema utilizado durante los años 80 en las entrevistas en grupo, inventado por el profesor Spaltro, un célebre psicólogo, conocido sobre todo en el ámbito empresarial.

El tema se titulaba «El caso del cohete espacial»: se suponía que todos los componentes del grupo se hallaban en un cohete espacial, el cual se había estrellado en un planeta que se encontraba a 500 km de la base espacial más cercana. Tras la catástrofe, se salvaban todos los miembros de la tripulación (los candidatos) y alrededor de 30 objetos, de los cuales sólo 10 podían ser transportados: los otros debían ser abandonados. El grupo debía decidir cuáles eran los objetos que iban a transportarse en la larga marcha hacia la base.

A pesar de su apariencia absurda, el tema suscitaba en general encendidos debates y discusiones entre los componentes del grupo, cada uno de los cuales intentaba convencer a los demás de la utilidad de transportar una brújula (en ausencia de campo magnético resulta inútil) en lugar de una caja de cerillas (inutilizables, a falta de oxígeno, mientras el observador, silenciosamente, tomaba notas o bien observaba distraídamente las musarañas. ¿Por qué?

Al encargado de organizar una entrevista en grupo no le interesan en absoluto los contenidos de las discusiones; que se hable de un cohete espacial o de la revolución rusa le resulta del todo indiferente. Lo que observa y enjuicia, en cambio, son los **comportamientos**:

— quién habla y cómo habla (tono de voz, gestos, etc.);
— quién organiza el grupo (o sea, quien propone una guía de los argumentos discutidos, da reglas para intervenir o bien resume cuanto se ha dicho, etc.);
— quién presta atención a los otros (quién invita a intervenir a los que no hablan, acercarse a quien se aleja, etc.);
— quién ejerce de líder (quién tiene carisma, quién convence y estimula la reflexión, etc.);
— quién no podría serlo nunca (porque grita e impone a los demás su opinión, o bien porque se calla y no participa ni aunque se lo pidan).

Un buen «observador» se halla también en disposición de interpretar todos los gestos (manos, pies, brazos, etc.) y las expresiones de los participantes en la entrevista.

El argumento que se propone para su discusión en grupo significa, pues, una especie de «truco»: puesto que la persona se concentra en el tema y olvida totalmente que está siendo objeto de observación desde múltiples puntos de mira, los cuales pasarían desapercibidos en una entrevista personal. En la entrevista de grupo, el observador puede evaluar con exactitud el comportamiento «verdadero» de cada candidato (siempre con la reserva necesaria también en este caso), frente a los disimulos y falsificaciones propios de la entrevista indi-vidual.

Por lo tanto, el consejo que pueden seguir todos aquellos que se enfrenten a una entrevista en grupo es que **no deben implicarse excesivamente en el tema propuesto, sino ser a su vez «observadores» del grupo, intentando en todo momento sintetizar los resultados de los demás miembros del grupo.**

La entrevista psicotécnica individual

La entrevista psicotécnica individual se celebra, por lo general, a continuación del test y, eventualmente, tras la entrevista en grupo. Incluso para quien ya posee una experiencia profesional anterior —y, por lo tanto, ha tenido que enfrentarse a varias entrevistas de este tipo—, se trata de un momento de la selección especialmente delicado y lleno de tensiones.

Los elementos que pueden provocar un estado de ansia en el candidato ante una entrevista individual de este tipo se deben, por lo común, a los siguientes factores:

— el tener que confiar a un desconocido los propios proyectos;

— la sensación de enfrentarse a un examen sin red de protección al tratar sobre aspectos ignorados hasta el momento;

— el sentimiento de impotencia ante la brevedad de la entrevista, que en menos de dos horas, puede decidir toda una vida;

— la impresión de encontrarse totalmente «desnudo», puesto que la persona que nos somete a la selección puede descubrir aspectos del candidato que incluso le habían pasado desapercibidos a él mismo, o que puede interpretar a su modo;

— la desazón al no conocer los resultados de la entrevista con celeridad, con la consiguiente ansiedad que causa el saber que se seguirá sufriendo durante muchos días después de la entrevista.

Para afrontar con éxito estos factores, y muchos otros que contribuyen a aumentar la tensión de la entrevista individual, hay que **pasar por muchas, muchas entrevistas.** Sólo tras haber pasado al menos 10 o 15 entrevistas de este tipo se empieza a entender el modo en que están organizadas, cuáles son las preguntas más habituales y, de este modo se afrontan las sucesivas entrevistas con mayor tranquilidad y mejores resultados. Conviene, por tanto, optar a puestos que tal vez no nos interesen demasiado, para, al menos, adquirir cierta experiencia en el tema. En caso contrario, si nuestra primera entrevista es precisamente para optar a un puesto que nos interesa mucho, corremos el riesgo de echarlo a perder por la emoción del momento y nuestra inexperiencia.

¿Cómo se desarrolla una entrevista personal de tipo psicotécnico? En primer lugar, casi nunca nos encontraremos con un experto en la materia propia del puesto al que aspiramos, por lo que no sería apropiado formularle preguntas sobre las funciones que deberán desempeñarse en caso de ganar el puesto. La entrevista la mantendremos seguramente con un psicólogo, o en todo caso con alguien que se dedica profesionalmente a la selección, el cual goza de la capacidad suficiente para elegir con idéntico éxito al buen contable, al vendedor de fuste o al perfecto director general.

Durante la entrevista se analizarán:

— el currículum académico (motivaciones, resultados, etc.);

— el currículum profesional (por qué se ha elegido tal o cual profesión, cuáles han sido los resultados, por qué se quiere cambiar de trabajo, etcétera);

— el historial personal (familia, amigos, intereses, etc.);

— las propensiones del candidato, las aspiraciones profesionales y diversos trazos psicológicos (carácter, actitudes, etc.);

— la congruencia entre las características de la persona y el puesto al que aspira.

Estos aspectos se analizarán a través de preguntas directas («Hábleme de usted», «¿Qué le ha llevado a estudiar esta carrera?», etc.), preguntas indirectas («Dígame tres virtudes y tres defectos», «¿Qué es para usted la felicidad?») y mediante observaciones sobre el comportamiento que adopta el candidato durante la entrevista (se recuesta en la silla, distanciándose del interlocutor; apoya la mano en la boca, de manera que no parece convencido de lo que dice; etc.).

Tratándose de aspectos estrictamente psicológicos, nos es imposible analizar en este lugar toda su infinita variedad. Sin embargo, sí podemos dar algunas sugerencias prácticas, extraídas de la experiencia, para afrontar en la mejores condiciones la entrevista de selección.

1. No tratar de fingir que se es quien no se es. Aunque consiguiéramos hacerle creer el cuento a nuestro interlocutor, no duraríamos más de seis meses en el puesto.

2. Vale la pena, con todo, prestar atención a los propios comportamientos. Si tenemos, por ejemplo, el vicio de mover continuamente los pies, aunque carezca de una connotación psicológica seguramente molestará al entrevistador.

3. Hay que ser sincero, pero no ingenuo; lo cual quiere decir que no es lo mismo decir que no se posee experiencia en tal o cual sector profesional, que reconocer que no se tiene ni idea de nada en absoluto.

4. Es indispensable pensar que no sólo estamos siendo seleccionados, sino que a su vez nosotros estamos eligiendo una empresa y un trabajo determinados. Nuestra actitud, por lo tanto, debe ser cauta y un tanto crítica, aunque sin agresividad. Al acabar una entrevista de selección, es totalmente necesario hacer algunas preguntas a nuestro interlocutor (p. ej.: volumen de facturación de la empresa, número de empleados, el tipo de función a cubrir, etcétera).

5. Si se trata de una agencia consultora, en ningún caso hay que preguntar de qué empresa está realizando la selección; estas agencias son fieles a una regla deontológica que les impide revelar para qué empresa están trabajando.

6. Es indispensable apuntar con precisión el nombre de la persona que ha llevado nuestra selección, por si en algún momento debemos volver a trata con ella.

7. Con objeto de evitar una impresión negativa, se recomienda vestirse según una línea clásica; así evitaremos desagradar a una persona que tenga otros gustos.

8. Se aconseja prepararse con antelación las típicas preguntas «tramposas», del tipo: «¿Qué suele leer?», ya que, tras nuestra respuesta: «Adoro las revistas de actualidad», es posible que el entrevistador contraataque aludiendo al último artículo publicado por un famoso periodista en una revista de gran difusión. Lo mejor será decir que, a causa de haber realizado un viaje al extranjero, no se ha podido leer esa semana la prensa nacional.

9. Si nos sentimos especialmente nerviosos por la entrevista, puede reconocerse abiertamente antes de empezar, aduciendo la importancia que para nosotros tiene obtener ese trabajo.

10. Al finalizar la entrevista, y sólo en el caso de que el propio entrevistador no lo diga antes, podemos preguntar cuándo saldrán los resultados.

11. En ningún caso preguntaremos al seleccionador acerca de su impresión sobre la entrevista, puesto que nos arriesgamos a frustrar una buena impresión por un acceso de candidez.

12. Se desaconseja hablar de retribución y escala profesional, en caso de que no sea el propio entrevistador quien saque el tema. En el currículum vitae figura la eventual retribución que se percibe en la actualidad, o bien aquella que deseamos percibir (si se trata de un joven que accede a su primer empleo). Si el entrevistador no dice nada, se sobreentiende que la propuesta se considera aceptable por parte de la empresa. En caso de recibir una oferta firme de trabajo, podrá estipularse la retribución en términos más claros.

En resumen, el único consejo válido para afrontar del mejor modo posible la entrevista psicotécnica individual es **mostrarse como se es, enfatizando los puntos fuertes e intentando disimular los más débiles. Es inútil tratar de fingir que somos como no somos.**

La entrevista técnica

La entrevista técnica representa la fase final de la selección. Generalmente, esta entrevista se celebra junto a otros dos candidatos, entre los cuales saldrá el candidato admitido. Habitualmente, la llevan a cabo empleados de la propia empresa, a pesar de que las fases precedentes las haya gestionado una agencia consultora.

Durante esta entrevista se verificarán las capacidades y conocimientos reales que posee el candidato para desempeñar un trabajo determinado; muy difícilmente se plantearán cuestiones que no tengan que ver directamente con él. Si, por ejemplo, se trata de un joven que busca su primer empleo, deberá realizar diversas pruebas de trabajo (mecanografía, programación, etc.).

Por lo general, se llega a esta fase final de la selección con una tranquilidad mayor y, por lo tanto, el éxito dependerá más de nuestra capacidad efectiva para el trabajo que no de otros factores externos a él. Por lo tanto, no nos es posible ofrecer consejos para preparar esta entrevista, a no ser el de prepararse a fondo (repasando incluso, aquello que habíamos estudiado hace tiempo) y de comportarse con total tranquilidad, tratando de dejar bien claro que realmente se puede cumplir determinada tarea con eficacia y rendimiento.

Superada esta fase, llegaremos a la verdadera oferta de empleo.

La oferta de empleo

La oferta de empleo guarda relación con:

— las funciones a desempeñar (el trabajo específico);
— la cualificación profesional;
— el sueldo;
— los eventuales complementos y dietas;
— la duración del contrato;
— las expectativas de promoción.

La oferta de empleo también se denomina *propuesta de admisión*. El director de personal de la empresa o la persona que asume sus funciones somete a la consideración del candidato seleccionado para el puesto una propuesta que contiene, en el mejor de los casos, todos y cada uno de los aspectos señalados.

LAS FUNCIONES A DESEMPEÑAR

Es importante profundizar con sumo detalle cuáles serán las actividades previstas para el ocupante del puesto ofertado, así como los objetivos a medio plazo (un año), cuántas y cuáles serán las personas que deberán coordinarse y bajo qué dirección (quién es el jefe), cuál es el estado de la empresa (facturación pasada, presente y prevista), cuál es la autonomía prevista (en relación al trabajo concreto, al *budget* confiado, etc.). También hay que pactar un plazo (entre tres y seis meses) en el que deberán verificar los resultados para modificar, en su caso, el perfil des- crito.

Siempre es preferible que todos estos puntos se expresen por escrito, para una mayor claridad y para evitar que, durante el período de prueba (variable en función del contrato y del tipo de puesto), surjan equívocos por diferir en torno a la interpretación de las propias obligaciones laborales.

LA CUALIFICACIÓN PROFESIONAL

La cualificación profesional se rige por el convenio colectivo que haya suscrito la empresa (cabe comprobar, antes de llegar a este punto de la selección, cuál es el convenio vigente, adquiriéndolo en librerías especializadas en materia laboral) y a los puestos ocupados precedentemente.

El joven que accede a su primer empleo será aceptado normalmente en el nivel más bajo (empleado u obrero), tras un contrato de formación laboral, cuando proceda. Este tipo de contrato, que no presenta diferencias con todos los demás excepto en cuanto a su duración (dos años), con el consiguiente riesgo de ser después despedido, concede a las empresas una importante bonificación fiscal (alrededor del 25 % de los impuestos).

La persona que ya posee la suficiente experiencia laboral será, en cambio, admitida en el mismo nivel que ya poseía, o bien en un nivel superior. Con todo, es infrecuente obtener una cualificación muy superior a la poseída anteriormente: un empleado del grado más alto se convertirá en ejecutivo, pero difícilmente en directivo.

Durante las conversaciones con la empresa, es siempre recomendable aspirar al máximo nivel, aunque este punto no se hubiera previsto con anterioridad.

EL SUELDO

La retribución se compone normalmente de dos partes: una, estipulada por el contrato, y la otra, a discreción de la empresa. En este último apartado, se incluyen los complementos de productividad, incentivos, participación de los dividendos, etc. Es por ello que dos personas que comparten nivel laboral pueden cobrar dos sueldos sustancialmente distintos.

Antes de firmar el contrato, pues, el aspirante debe tener muy claro cuál es la retribución por debajo de la cual no se está dispuesto a trabajar.

Con todo, pueden darse casos en los que una persona, antes que cambiar de empresa y de trabajo, prefiere cobrar muy por debajo de la retribución que percibía anteriormente.

Es aconsejable definir una retribución para el primer año, solicitando una revisión tras un tiempo determinado, dejando constancia de todo ello por escrito. De este modo se demuestra una buena disponibilidad al trabajo y se tiene, además, la certeza de estar desempeñando una labor bien reconocida.

Por otro lado, resulta pertinente supeditar una parte del sueldo al cumplimiento de determinados objetivos predeterminados. Esta estrategia, esencial en la actividad de venta, puede ser aplicada en todos los demás niveles empresariales (por ejemplo, emprender un nuevo sistema de contabilidad, o reducir costes de almacén, etc.).

Con todo, es arriesgado y perjudicial para nuestros intereses el solicitar una cantidad demasiado elevada. Si en el currículum, por ejemplo, se indica una retribución actual de 3,5 millones de pesetas brutas anuales (que la empresa considera idónea, ya que de otro modo no hubiera hecho la convocatoria), es peligroso e inútil solicitar, justo en el último tramo de la selección, 4,5 millones. Será, en cambio, oportuno, solicitar entre 3,8 y 4 millones, con la perspectiva de poder renegociar el sueldo al alza a 6 meses-1 año vista. Si el tipo de trabajo lo permite, es pertinente incluir una petición de premio de unas 200.000 pesetas en caso de conseguir el objetivo previsto.

De todos modos, tanto para los jóvenes como para los que ya no lo son, es aconsejable informarse con anterioridad sobre la retribución media del sector en el que queremos entrar, consultando revistas especializadas, agencias consultoras o bien a personas que ya han trabajado en ese ramo.

LOS EVENTUALES COMPLEMENTOS Y DIETAS (*BENEFITS*)

Los complementos y dietas (*benefits*) concedidos por las empresas son de muy diversa especie y pueden consistir, por ejemplo, en: coche, seguros integrales, bonos de restaurante o comedor de la empresa, y similares. Existen *benefits* que conciernen a todos los empleados (comedor), mientras que otros se otorgan sólo a determinadas personas en función de su trabajo (coche para los vendedores) o al tipo de puesto (seguros para directivos). Cuando se recibe una oferta de empleo, cabe preguntar cuáles son los *benefits* previstos, ya que podría ocurrir que pasáramos de una empresa en la que nos ahorrábamos el dinero de la comida a otra en la que debemos pagárnosla nosotros mismos. Descubrirlo justo al día siguiente de ser admitido puede constituir una desagrable sorpresa, así como una posible fuente de conflictos con la empresa. Si se considera oportuno, puede solicitarse un trato preferencial en este punto respecto a otros empleados (por la distancia del domicilio a la empresa, horario laboral largo, etc.). Los *benefits* solicitados, con todo, no deben suponer un beneficio sólo para el que los pide, sino también para la propia empresa. El directivo que solicita, por ejemplo, la inscripción en un club deportivo exclusivo y muy caro, no lo hace simplemente por su propio placer, sino que justifica su demanda en función de la necesidad de entablar ciertas relaciones en ese círculo. En este sentido, la pertenencia a cierto club deportivo puede ser, efectivamente, ventajoso para la em-presa.

LA DURACIÓN DEL CONTRATO

Respecto a la duración del contrato, y en el caso de una persona que ya se halla trabajando, cabe tener en cuenta el preaviso que debe hacerse a la empresa que se abandona. Aquellos que ya poseen un trabajo no pueden, de hecho, cambiar de trabajo con extrema celeridad; es obligatorio efectuar un preaviso con un período de anticipación de entre 15 días y 2 meses, según el puesto ocupado. Si la persona decide no efectuar el preaviso, perderá, en la liquidación final que le haga la empresa, las partes proporcionales a pagas extras, a las que de otro modo tendría derecho, y percibirá solamente el sueldo correspondiente a los días trabajados durante el último mes.

LAS EXPECTATIVAS DE PROMOCIÓN

Este tema también debe plantearse durante la fase de oferta de empleo. Cuando el contrato todavía no ha sido firmado, es preciso asegurarse de las expectativas de promoción que la empresa cree poder ofrecer al candidato a corto y medio plazo (entre 1 y 3 años), y cuáles serán los costes personales que acarrearán. Por no haber resuelto este tema antes de firmar, muchísimas personas se han arrepentido de la elección que realizaron, llegando a entablar conversaciones para rescindir el contrato. De todos modos, este problema lo plantea la empresa con gran inteligencia: no se compromete a ofrecer un ascenso sin haber comprobado antes la capacidad laboral de la persona, su relación con los compañeros, y similares.

El problema debe reintroducirse por parte del candidato desde otro punto de vista: mediante una hipótesis. «Supongamos que su candidato ideal consigue todos los objetivos propuestos, ¿qué tipo de promoción le reservaría la empresa?» De este modo, se reformula una discusión que siempre resulta embarazosa.

Como conclusión de la exposición dedicada a la final de la selección, y por lo tanto de la búsqueda del puesto ideal, puede afirmarse que esta búsqueda no es efectivamente ni simple ni de resultados inmediatos: **buscar trabajo implica trabajar**.

Siguiendo, con todo, las indicaciones formuladas, es muy posible que logremos nuestro empeño, teniendo siempre en cuenta que el proceso de búsqueda nunca será menor a los tres meses (suele exigir unos seis meses y, en ocasiones, hasta un año). Es, por lo tanto, muy conveniente, empezar cuanto antes, incluso antes de haber acabado los estudios.

3

El trabajo ideal en el extranjero

En un mundo que se ha convertido en una «aldea global», o lo que es lo mismo, un espacio prácticamente único en cuyo interior las personas y las informaciones se pueden desplazar con una rapidez sorprendente, resulta indispensable reflexionar sobre las oportunidades de trabajo fuera del propio país.

De hecho, existen diversos modos de plantearse el trabajo en el extranjero; desde la emigración forzada en los años sesenta, especialmente en el sur de España, al joven que lleva a cabo diversas actividades profesionales en el extranjero con objeto de perfeccionar un idioma, hasta quien, habiendo salido al extranjero como simple turista, decide quedarse para siempre en el país de destino por haber encontrado una buena oportunidad de trabajo.

A partir de los años ochenta en adelante, se registran dos tendencias fundamentales: por un lado, aquellos que, habiendo decidido seguir cierta carrera profesional, deciden pasar en el extranjero un largo período de perfeccionamiento y especialización (cursos de posgrado, de idiomas, etc.); por otro lado, los que, tras haber estudiado en su propio país, creen esencial pasar unos años trabajando en el extranjero. Esto es así especialmente en el caso de los *master* en administración de empresas (MBA: Master Business Administration), muy cualificados en los Estados Unidos e Inglaterra, así como en ciertos tipos de trabajo en algunos países europeos (economía, *shipping*, agente de seguros). Por tanto, es muy frecuente encontrar a personas en cuyo currículum figura un largo período de estancia en el extranjero.

La dificultad principal con la que se encuentran aquellos que desean adquirir una experiencia de este tipo pasa por acceder a la información más completa, esto es, por saber a quién dirigirse para poder desarrollar una experiencia que después sea vendible en su propio país. La experiencia en el extranjero en el campo de la medicina y la investigación científica, por ejemplo, a causa de su extrema especialización, puede resultar perjudicial a la hora de reintegrarse en el país de origen. Muchos jóvenes cirujanos que, tras una larga estancia en los Estados Unidos, Inglaterra o Francia (donde existen buenas escuelas y hospitales), han tenido que renunciar finalmente a volver a su país a causa de las barreras y envidias de buena parte de sus compatriotas.

A menudo, el mejor modo de recorrer con éxito este camino sin recurrir a organismos oficiales pasa por dirigirse al lugar elegido (preferiblemente, una capital), aceptando en principio una serie de trabajos que no coinciden con nuestros proyectos (como, por otro lado, habría ocurrido en su país: currículum, autocandidatura, demanda de empleo en los diarios). No hay que olvidar que en el extranjero son mucho más numerosas las agencias consultoras y oficinas de selección de personal (agencias *interimer* o *bureau de travail* en Francia, *job center* en los países anglosajones, etc.), a las cuales hay que dirigirse si lo que estamos buscando es un trabajo como empleados no cualificados.

Si todavía estamos realizando los estudios de bachillerato y queremos cursar, por ejemplo, el COU en el extranjero o bien algún curso de idiomas, puede recurrirse al sistema de intercambio académico, el cual siguen cada año cientos de estudiantes españoles. Esta fórmula consiste en la acogida, por parte de la familia española, del estudiante extranjero durante todo el año académico, mientras que el estudiante español se hospedará en el domicilio de la familia de aquél. De este modo, sólo deberán pagar el importe del viaje, puesto que son las familias quienes se encargan de la manutención y los gastos de sus respectivos huéspedes. En España existen diversas asociaciones de padres que organizan estos intercambios con el extranjero, con los que se puede contactar dirigiéndose a la delegación de educación de la comunidad autónoma.

Para quien, tras haber concluido los estudios, desee proseguirlos en algún país extracomunitario, se recomienda dirigirse al consulado que éste tenga en nuestra ciudad, los cuales podrán proporcionarnos múltiples informaciones al respecto. Hay que tener en cuenta que existen numerosas convocatorias de becas para ampliar estudios en el extranjero.

EL TRABAJO EN LA COMUNIDAD EUROPEA

Las posibilidades de trabajar o estudiar en un país de la CE (en la actualidad la forman 12 países, que podrán ampliarse con los del Este europeo) son muy numerosas y aumentarán a partir de la entrada en vigor del Mercado Único Europeo (1993).

A partir del mes de enero de 1992 se ha iniciado un nuevo sistema de reconocimiento de los títulos superiores para permitir a todos los ciudadanos europeos que lo deseen desempeñar su profesión en cualquier país de la Comunidad. Este derecho, del que gozaban ya algunas profesiones, se ha generalizado con la mirada puesta en el gran espacio sin fronteras en el que se convertirá Europa en 1993. La libre circulación de las personas, de hecho, es uno de los principales objetivos de la CE, lo cual implica que cualquier ciudadano pueda trabajar en el país de su elección sin padecer problemas de tipo administrativo.

La CE ha promulgado numerosas directivas (reglamentos que deberán transformarse en leyes por parte de los gobiernos de los países miembros) para diversos tipos de actividad profesional.

Por ejemplo, se ha liberalizado el acceso a la mayor parte de las actividades industriales, comerciales y artesanales, dictando, cuando ha sido necesario, determinadas medidas para reconocer y homologar la experiencia profesional acumulada en el país de origen.

Estas directivas se refieren a:

— comercio al por mayor e intermediarios del comercio, industria y artesanía;
— industria y artesanía;
— comercio al detalle;
— servicios personales: restaurantes, bares, hoteles;
— industria alimentaria y producción de bebidas;
— comercio de carbón al por mayor;
— comercio de productos tóxicos;
— actividades diversas;
— actividades ambulantes;
— agencias de seguros y reaseguros;
— actividades auxiliares del transporte;
— actividades de peluquería.

En lo que concierne al sector de la sanidad, las directivas promulgadas hasta hoy son las siguientes:

— *médicos*: los médicos especialistas o de cabecera, asalariados o autónomos (alrededor de 800.000 en toda la CE), pueden establecerse y ejercer su profesión en los países miembros de la Comunidad. La formación básica de un titulado en medicina debe comprender un mínimo de 6 años, a la que debe añadirse una formación adicional entre 3 y 5 años para los médicos especialistas;

— *enfermeros/as*: los/as enfermeros/as (alrededor de 900.000) pueden ejercer libremente su profesión en toda la Comunidad. Su formación debe comprender al menos 10 años;
— *dentistas*: pueden ejercer su profesión en cualquier estado miembro, a condición de haber cumplimentado una formación académica de 5 años;
— *veterinarios*: reciben el mismo trato que los dentistas;
— *tocólogos*: los tocólogos (alrededor de 75.000) pueden ejercer su profesión en todos los países miembros, siempre y cuando hayan recibido una formación específica, cuya duración puede ser de entre 18 meses y 3 años, según hayan cursado estudios de enfermería o provenga de la experiencia profesional;
— *farmacéuticos*: los farmacéuticos (alrededor de 210.000) pueden establecerse en cualquier país comunitario, siempre y cuando hayan recibido una formación específica de al menos 5 años;

Además de las profesiones citadas, se han dictado los reglamentos de las siguientes actividades profesionales:

— *transporte de mercancías y de personas*: diversas normas han intentado armonizar los criterios de acceso a estas profesiones, cuyo desempeño se liberalizará totalmente a partir de 1993 (fecha en la que será posible prestar servicios en todos los países miembros);
— *abogados*: podrán desempeñar libremente algunos servicios (asesoría legal, etc.), si bien no podrán establecerse en otro país si no han cursado en él los estudios de derecho;
— *arquitectos*: aquellos que hayan cursado unos estudios no inferiores a 4 años podrán establecerse en cualquier país de la CE para ejercer su profesión.

RECONOCIMIENTO DE LOS TÍTULOS

Uno de los puntos claves para la realización del gran mercado europeo sin fronteras de 1993 es, por lo tanto, la generalización de la libertad de residencia y del desempeño de la profesión en cualquier país miembro de la Comunidad. Con objeto de acelerar este proceso, la CE ha formulado una directiva que permite el reconocimiento de los títulos de formación superior de duración equivalente a los 3 años a tiempo com-pleto.

Los potenciales beneficiarios de esta nueva directiva son muy numerosos: docentes, ingenieros, ópticos, abogados, etc. El sistema se basa en el mutuo reconocimiento y sobre la presunta equivalencia de los niveles de formación.

Un país miembro debe, pues, consentir el ejercicio de una profesión a un ciudadano de otro estado comunitario, siempre que posea la información necesaria y aquella otra información adicional que puede requerirse. En caso de darse una notable divergencia entre los niveles educativos de los países interesados, el estado que recibe a un profesional puede exigirle unas determinadas compensaciones (experiencia profesional suplementaria, período de pruebas, exámenes de aptitud, concurrir a ciertos concursos).

Todo esto concierne a los títulos, sean o no universitarios, de 3 o más años. Todavía no se ha aprobado el reconocimiento de los títulos superiores de duración inferior a los 3 años.

En las discusiones comunitarias sobre este punto se plantea el problema de la «minilicenciatura», introducida en Italia por la ley de la Reforma del Ordenamiento Educativo del 30 de octubre de 1990. Según esta normativa, las universidades italianas expiden, además del habitual título de licenciatura y el título de doctor, el diploma universitario.

En España, la ley para la Reforma Universitaria (LRU) ha promovido la figura de la licenciatura de primer ciclo, de 2 años de duración, que deberá esperar a que concluyan los debates comunitarios para ser reconocida a efectos profesionales.

Sólo en Grecia no existe todavía la figura de un diploma universitario de grado medio.

El ejemplo clásico de «minilicenciatura» es el de Francia: el poseedor de un *baccalauréat* (el equivalente al BUP español) completa un primer ciclo bianual de estudios universitarios de tipo general, al término del cual obtiene un *diplôme*, con el cual pueden continuarse los estudios universitarios hacia la *licence*, la *maîtraise* o el *doctorat*, o bien utilizarlo como título autónomo para desempeñar una actividad profesional inmediata (sobre todo, en el sector técnico o en actividades del mundo empresarial).

En Europa, el mayor número de diplomas universitarios «breves» se realizan en el sector de las disciplinas económicas y de *management*, con una fuerte orientación hacia las salidas prácticas y profesionales, como en el caso de las *fachhochschulen* alemanas, cuyo título posee a menudo un valor análogo al de otras universidades tradicionales.

En Gran Bretaña, existen las célebres *business school* de Londres y Manchester, así como numerosos *polytechnics* los cuales dan una gran importancia al mundo financiero, el control de la gestión y la contabilidad de las empresas.

En Francia, existen numerosas «minilicenciaturas» en el ámbito económico, fundadas sobre el modelo del caso concreto (importado de las escuelas de *management* americanas).

EUROPA Y LOS JÓVENES

COMETT, ERASMUS, YES por Europa: tres palabras misteriosas para quienes no estén directamente interesados por la política europea en materia de educación y de juventud. Se trata, de hecho, de tres programas que afectan a decenas de miles de estudiantes y jóvenes: el objetivo es contribuir al desarrollo de la ocupación en Europa. De los 320 millones de habitantes de la CE, 70 son estudiantes: es comprensible, pues, el interés comunitario por contribuir a su formación, así como por desarrollar una política de intercambios entre los estados miembros.

La Comunidad Europea ha orientado su acción hacia las siguientes materias:

— correspondencia ente los sistemas educativos: red Eurídice, becas para visitas de estudio, formación de los docentes;
— enseñanza de lenguas extranjeras;
— igualdad de oportunidades para los hijos de trabajadores emigrantes, así como lucha contra el analfabetismo y el fracaso escolar;
— introducción de las nuevas tecnologías de la información en los sistemas educativos;
— cooperación entre universidades y empresas, en materia de nuevas tecnologías (programa COMETT);
— movilidad de estudiantes: programa ERASMUS, cooperación interuniversitaria y mutuo reconocimiento de títulos.
— intercambio de jóvenes: programas de intercambio entre jóvenes trabajadores (programa YES por Europa).

Programa COMETT

COMETT son las siglas del *Programme of the Community in Education and Training for Technologies*. El objetivo de este programa es el de favorecer la cooperación entre las universidades y las empresas para formar perfiles profesionales útiles para el mundo del trabajo, permitiendo así la ocupación de miles de jóvenes estudiantes. La universidad, de hecho, no nutre al mundo laboral del personal de alto nivel (ingenieros, técnicos especializados, etc.) que solicitan las nuevas tecnologías y las empresas que quieren aplicarlas. Encuestas recientes revelan que, en diversos sectores productivos, la insuficiencia de personal cualificado representa uno de los problemas más graves por resolver.

Los objetivos del programa COMETT son:

— favorecer el intercambio entre universidades y empresas;
— promover una identidad europea a través de períodos de prácticas en empresas de los países miembros de la CE;
— mejorar la formación inicial de los estudiantes;
— desarrollar el nivel de la formación en relación a los cambios tecnológicos y sociales;
— utilizar las posibilidades ofrecidas por las nuevas tecnologías de la información y la comunicación.

En el primer año de vida, el programa COMETT ha financiado 108 consorcios de formación entre universidades y empresas, 1.067 períodos de prácticas transnacionales de estudiantes en empresas, 73 becas de estudio para directivos de empresas y 136 proyectos de formación.

Programa ERASMUS

ERASMUS son las siglas de *European Community Action Scheme for the Mobility of University Students*; afecta a casi 6 millones de estudiantes, ofreciéndoles la posibilidad de efectuar parte de sus estudios en una universidad de un país miembro de la CE.
El programa ERASMUS se propone:

— aumentar considerablemente el número de estudiantes que realizan un período de estudios en otro país europeo, con objeto de permitir una experiencia directa de la vida socioeconómica de los países miembros;
— estimular una mayor cooperación entre las universidades europeas;
— promover la movilidad de estudiantes y profesores.

Los estudiantes que solicitan formar parte del programa obtienen una beca que cubre los gastos derivados del traslado a la universidad de su elección (viaje, diferencia del coste de la vida, preparación lingüística).

Programa YES por Europa

YES son las siglas de *Youth Exchange Scheme*; el programa quiere estimular el aumento de los intercambios entre jóvenes de toda la Comunidad Europea. De los 3 programas, es el más reciente, y todavía están en trámite de discusión las modalidades que lo forman. El objetivo del programa es permitir a los jóvenes:

— familiarizarse con la vida socioeconómica y cultural de los países miembros de la CE;
— aprender a comunicarse con personas de otras culturas;

El programa debería permitir que casi 800.000 jóvenes de edades comprendidas entre los 18 y los 25 años realizasen estancias de al menos una semana en otro país miembro de la CE, a fin de conocer la realidad del país visitado.

Es evidente que existen muchas oportunidades de estudio o trabajo en Europa, aunque a menudo resulta difícil saber a quién hay que dirigirse para obtener la información necesaria. Por este motivo, a continuación se proporciona la dirección de la sede de la Comunidad Europea en Bruselas y España a quienes puede solicitarse la información precisa sobre todas las iniciativas comunitarias en esta materia (al respecto, cabe destacar la reciente implantación del Sistema Sédoc para la difusión de las ofertas y las demandas de trabajo en Europa).

COMISIÓN DE LAS COMUNIDADES EUROPEAS
Dirección General de Información, Comunicación y Cultura
Rue de la Loi, 200
B 1049 BRUXELLES

COMISIÓN DE LAS COMUNIDADES EUROPEAS
Serrano, 41
28001 MADRID

La información relativa a las iniciativas de la CE contenida en este capítulo han sido extraídas de las «Fichas Europeas», a cargo de la Comisión de la Comunidad Europea.

4

La carrera dentro de la empresa

EL CONCEPTO DE CARRERA

Durante varios años he formado parte de las comisiones encargadas de seleccionar licenciados recientes que pudieran seguir con éxito cursos de formación ocupacional, al final de los cuales pudieran integrarse en el mercado de trabajo.

Por lo tanto, durante años he tratado de comprender cuál es el objetivo laboral que se plantean los individuos y qué relación puede darse entre este objetivo y el perfil profesional que cada curso pretendía formar. La pregunta que solía formular a cada uno de los candidatos era la siguiente: «Si pudiera soñar despierto, ¿en qué contexto profesional se imagina que estaría dentro de diez años? ¿En qué empleo? ¿Cuál sería su situación general?» En el ochenta por ciento de los casos, la respuesta era del tipo: «Espero haber logrado realizarme y haber hecho ca-rrera.»

Continuando con mi indagación sobre qué entiende una persona por *realizarse* y *hacer carrera*, pude obtener una gama muy diversificada de respuestas, entre las cuales las más frecuentes eran las siguientes:

● «Hacer carrera y realizarme significa conseguir la tranquilidad económica y disfrutar de una vida desahogada.»

● «Hacer carrera pasa por ocupar un puesto de responsabilidad».

● «Hacer carrera representa coordinar la actividad de diversas personas.»

● «Hacer carrera implica desarrollar un trabajo interesante.»

De un análisis superficial de las respuestas más frecuentes, se hace evidente que para cada cual el término *carrera* posee un significado diverso. *Hacer carrera*, en síntesis, no es más que lograr los objetivos que uno se ha propuesto conseguir, los cuales, como es obvio, varían según la escala de valores de cada persona.

Reflexionando más tarde sobre el hecho de que las exigencias cambian a lo largo de los años, y, por consiguiente, también la escala de valores, parece claro que el significado que un joven titulado otorga a la palabra *carrera* variará con el paso del tiempo, resultando progresivamente más complejo y matizado.

Lo que, de cualquier manera, se hace evidente, es que el hecho de hacer carrera equivale a obtener aquello que más nos satisface profesionalmente. El primer problema a resolver, pues, consiste en poner de manifiesto los factores primordiales desde el punto de vista laboral, analizándolos, sopesándolos y ordenándolos según una jerarquía precisa de valores.

A continuación se reflexiona sobre algunos factores que prácticamente todos nos hemos planteado en uno u otro momento.

Retribución

La retribución debería guardar una relación directa con la capacidad laboral y la propia experiencia profesional, si bien no siempre es así: existen a menudo notables diferencias salariales según el sector profesional, el tipo de empresa, el área geográfica en la que se trabaja, etc. Si tomamos, por ejemplo, la figura de un joven licenciado que decide emprender su carrera profesional en el campo de la investigación, deberá optar entre dos alternativas: integrarse en el área de I+D (Investigación + Desarrollo) de una empresa, o bien entrar en el mundo académico. Desde el punto de vista retributivo, ambas posiciones representarán importantes diferencias tanto al principio como al final de su carrera: director responsable del área de I+D en el primer caso, profesor titular en el segundo. Quien elija el mundo universitario, está privilegiando como es lógico otros aspectos por encima del económico, como puede ser el ambiente de trabajo, la autonomía de decisión, la flexibilidad de horario y otros.

El mismo argumento es válido en el caso de una persona que haya suscrito un contrato por tiempo parcial (por lo común, un año), por ejemplo, en calidad de intérprete de lengua extranjera en un organismo de cooperación internacional (UNESCO, UNICEF, ONU, etc.), que ganará un sueldo más elevado que una persona empleada en una empresa española. También en este caso la retribución no guarda relación alguna con la mayor o menor profesionalidad de las personas, puesto que en el primer caso se privilegia el tipo de empresa y su ámbito internacional de acción frente a la estabilidad en el trabajo (al concluir el contrato, deberá buscar otra ocupación) y la consiguiente seguridad retributiva.

El aspecto retributivo puede, pues, resultar un parámetro fiable para calibrar el éxito profesional, pero debe tomarse en su justa medida a la hora de planificar la propia carrera y realizar las decisiones que permitan conducirla con garantías.

Puestos de responsabilidad

¿Qué significa *ocupar un puesto de responsabilidad*? Por poner un ejemplo, podemos imaginarnos la posición de un empresario que decide invertir su capital y sus recursos humanos en la creación de un nuevo producto o en ofrecer un nuevo servicio; probablemente, tendrá que estar en disposición de coordinar y temperar las lógicas angustias del personal que participa en el proyecto, derivadas del riesgo que siempre supone poner en marcha una iniciativa innovadora.

Otro puesto de responsabilidad es el de secretaria de un empresario que debe saber «filtrar» las comunicaciones, seleccionando aquellas que sean verdaderamente importantes para su jefe, y lograr transmitírselas en el menor tiempo posible; o también la de quien se encarga de las transmisiones por fax, el cual debe asegurarse de la corrección y legibilidad de la copia enviada.

Estos ejemplos ponen de relieve que cualquier puesto implica cierta responsabilidad, y por lo tanto ansiedad y estrés. Por lo tanto, resulta necesario precisar hasta qué punto estamos dispuestos a comprometernos en la actividad profesional que queremos desempeñar. ¿Deseamos desconectar totalmente del trabajo al acabar la jornada laboral («A partir de las seis tengo un motón de cosas que hacer»), o bien estamos dispuestos a un compromiso mayor? ¿Hasta qué punto?

Coordinar la actividad de otras personas

Sería conveniente no caer en el error de creer que coordinar la acividad de otras personas significa «mirar cómo los demás trabajan». El coordinador de un grupo de trabajo es una persona que, además de poseer la capacidad necesaria para desarrollar él mismo las actividades confiadas al grupo, con la consiguiente disponibilidad a asumir la tarea de cada uno de sus miembros, es además un buen mediador, conoce a fondo las posibilidades de cada persona y cómo sacar el máximo de rendimiento de sus aptitudes. Esto es así tanto para el responsable de administración de una empresa como para el jefe de reparto de un supermercado. En ambos casos, el coordinador debe haber planificado el trabajo y atribuido a cada una de las personas que están a su cargo las diversas funciones (conociendo sus capacidades, las aptitudes y las características de todos ellos), antes de iniciar su propia actividad de supervisión y control: no hay que olvidar que él es el directo responsable del trabajo del grupo y, por lo tanto, del trabajo de cada uno de sus miembros.

¿Creemos estar capacitados para realizar esta tarea? ¿Somos buenos conocedores del prójimo? ¿Sabemos convencer con facilidad a nuestros interlocutores y motivarlos para la acción? ¿Al menos poseemos un buen sentido de la organización de la propia tarea? ¿Seríamos buenos mediadores o, al contrario, más bien rígidos e intransigentes?

Plantearse peguntas de este tipo es fundamental para poder decidir si estamos o no capacitados para desarrollar una actividad profesional que implique coordinar y controlar la actividad de otras personas.

Carrera = trabajo interesante

Ya en la introducción se indicaba que ningún trabajo es por sí mismo interesante: unos lo son en relación a las propias capacidades; otros, en cambio, según la imagen social que se les otorga. Volvamos sobre el ejemplo de las relaciones públicas, que desarrolla una actividad considerada fascinante: cenas, congresos y «gente importante». En realidad, se trata de una de las profesiones más agotadoras, tanto desde un punto de vista físico como psicológico, que existen. Pensemos en que se trata de una actividad que obliga a comer y cenar en restaurantes, a mantener conversaciones con personas no siempre agradables y, a menudo, extranjeras, a las que quizá tengamos que convencer sobre tal o cual proyecto o subvención; nos daremos cuenta entonces de que se trata de un tren de vida muy duro y menos atractivo de lo que podría parecer.

Las chicas jóvenes, por ejemplo, sueñan a menudo con hacerse azafatas de vuelo, puesto que se trata de un trabajo que permite viajar, ver mundo, mantener un contacto continuo con nuevas caras, y además muy bien pagado. Se trataría del trabajo perfecto para quien, por ejemplo, no haya tenido oportunidad de observar el habitáculo en el que deben pasar ocho horas, de pie, las azafatas de un trayecto largo (por ejemplo, Madrid-Nueva York), con un descanso de apenas media hora en todo el viaje. Durante siete horas y media, reparten periódicos, el aperitivo, la comida, los auriculares, los billetes, etc., siempre con una sonrisa en los labios y sin dar a entender cansancio o irritación ante el pasajero inquieto, arisco o, peor aún, maleducado. A la llegada a Nueva York, Bangkok, Sidney o cualquier otra ciudad del mundo, ¿les quedarán todavía ganas de dar una vuelta? Lo más probable es que prefieran irse al hotel para descansar un poco. Además, no hay que olvidar que la diferencia horaria puede alterar el ritmo de sueño, y causar serios trastornos psicosomáticos. Parece evidente, pues, que todas las profesiones, incluso las que resultan en apariencia más atractivas, tienen unos inconvenientes cotidianos y un componente rutinario que pasan desapercibidos en un análisis superficial.

¿Qué podemos hacer para no caer en errores de valoración? Si no disponemos de todos los elementos para analizar a fondo una profesión determinada, vale la pena indagar entre nuestros amigos, familiares y conocidos cualquier información que pueda aclarar nuestras ideas al respecto. Sólo así podremos valorar si nuestras aptitudes, disposiciones e intereses son los adecuados para este tipo de trabajo.

El ambiente de trabajo

Un aspecto que a menudo se suele menospreciar, e incluso olvidar por parte de quien se introduce por vez primera en el mundo laboral, es el que se refiere al ambiente en el cual se deberá trabajar. Como ya hemos indicado anteriormente, la oficina en la que pasaremos ocho horas diarias de nuestra vida se encuentra ya amueblada, y normalmente también ocupada por otras personas. Trabajar es como emprender un viaje organizado: los hoteles y restaurantes ya han sido reservados por la agencia, y la compañía con la que nos podemos encontrar es del todo fortuita. Si lo que nos interesa es trabajar en un ambiente agradable, ya sea desde el punto de vista físico como personal, debemos elegir el mejor «tour operador». Hasta ahora, las empresas no han dedicado mucha atención a los aspectos ergonómicos (el equilibrio entre objetos y personas en el ambiente laboral), ni a la relación que puede entablarse entre las personas en el puesto de trabajo. Afortunadamente, parece que las cosas están cambiando, hasta el punto de que uno de los aspectos que más valoran las empresas a la hora de definir el perfil ideal de la persona que ocupará un puesto vacante es el contexto en el que ésta deberá integrarse. En un ambiente compuesto exclusivamente por hombres, seguramente rudos y ásperos, es muy probable que una «frágil doncella» no encajara demasiado bien, aunque estuviera técnicamente preparada. Tampoco resultaría aconsejable integrar a una persona con una marcada tendencia al liderazgo en un grupo que ya dispusiera de su propio responsable (ya se sabe que «no pueden reinar dos gallos en el mismo corral»). Los aspectos relacionado en el ambiente de trabajo conciernen, no sólo a los individuos, sino muy especialmente a la propia empresa. Si creemos, enton-

- ¿Qué es lo que sé hacer?

- ¿Cuáles son mis aptitudes?

- ¿Estoy dispuesto a invertir mi tiempo en adquirir nuevos conocimientos?

- ¿Estoy dispuesto a trabajar fuera del horario laboral?

- ¿Qué importancia le doy al aspecto retributivo?

- ¿Estoy dispuesto a asumir funciones de responsabilidad?

- ¿Estoy dispuesto a viajar con frecuencia o a un traslado?

ces, que el ambiente laboral constituye un factor determinante en la elección de un trabajo, será conveniente que requiramos toda la información posible al respecto antes de presentarnos a un puesto vacante, o bien en el mismo proceso de selección.

El horario laboral

Respecto a otros países europeos, España se encuentra bastante atrasada en el tema de la flexibilidad horaria. Las diversas fórmulas alternativas que se emplean en el extranjero (como puede ser el trabajo interino, en el que se suceden períodos activos con otros de descanso, o el *time sharing*, o trabajo compartido por diversas personas de un mismo grupo) tienen una escasa implantación, ya sea por aspectos legales (no existen todavía normas al respecto) como por razones puramente organizativas.

Las únicas fórmulas de horario flexible vigentes son la del *part-time* (media jornada) y la elasticidad en la entrada, la cual no suele superar los sesenta minutos. A parte de estas dos fórmulas, que tampoco son muy habituales, deberemos entender que cuando el seleccionador habla de flexibilidad horaria se está refiriendo a la posibilidad de tener que quedarse trabajando cuando ya ha concluido la jornada laboral pactada en el contrato.

Un ejemplo típico de flexibilidad entendida como prolongación de horario de trabajo afecta al puesto de secretaria de dirección, ya que se da por supuesto que deberán permanecer en la oficina hasta que su jefe la abandone, incluso el sábado por la mañana.

Por lo tanto, si creemos necesario acabar nuestro trabajo cuando finaliza la jornada laboral deberemos tener en cuenta las obligaciones propias del puesto al que aspiramos, incluso más allá de la letra del contrato escrito. Para quien aspira a una flexibilidad real en su horario de trabajo, no queda otra alternativa que buscarse un trabajo que, por su propia naturaleza, le permita organizarse de forma autónoma su horario de trabajo.

El ejemplo más común lo ofrecen los representantes y agentes comerciales. Un consuelo para los defensores del horario flexible lo puede constituir la directiva de la Comunidad Europea, en la cual se abre camino a nuevas formas de organización horaria, y que afectarán dentro de muy poco a todos los países miembros.

Retomando ahora el axioma inicial, según el cual hacer carrera significa obtener aquello que nos satisface sobre cualquier otra cosa, parece evidente que para planificar y lograr nuestros objetivos deberemos responder con sinceridad a las siguientes preguntas:

El análisis de las respuestas nos permitirá hipótesis plausibles para hacer carrera.

COMPRENDERSE A SÍ MISMO PARA COMPRENDER A LA PROPIA EMPRESA

Partiendo de la base de que cada cual sepa cuál es su propio objetivo de crecimiento, hay que planificar meticulosamente la estrategia para conseguirlo.

«He sido admitida como auxiliar contable, pero mi objetivo es llegar a se responsable de la contabilidad general.»

«Soy uno de los treinta vendedores a los que recurre la empresa X, pero mi objetivo es llegar a ser el responsable comercial de esta empresa.»

Tanto en uno como en otro caso, es preciso que las personas estén seguras, al menos, de tener la capacidad y las aptitudes para asumir el puesto al que aspiran: sólo si se tiene esta certeza puede emprenderse, con garantías de éxito, la carrera que se desea. La competencia en la empresa es un hecho innegable, hasta el punto de a menudo adquirir proporciones exageradas; habitualmente, tiene una función estimulante, incluso para quien penetra por primera vez en el mundo del trabajo.

La pregunta que debemos hacernos, por lo tanto, es cuáles son los factores determinantes que los superiores valorarán a la hora de permitir promocionarse a unas personas y no a otras. Descartarán seguramente, a todos aquellos cuya única meta es el beneficio que le puede reportar la empresa, sin considerar qué aportaciones puede hacer él a la empresa. No hay nada más irritante que comprobar que un colaborador trabaja sólo con la idea de recibir favores. Es muy distinto, en cambio, tener por colaborador a una persona que demuestra entender cuáles son los problemas de la empresa, ofreciéndose en la medida de sus posibilidades a resolverlos. Estas personas serán consideradas «colaboradores indispensables», con los que siempre se podrá contar.

Por ejemplo, cuando en la sección de personal se precisa contar con una serie de personas para organizar las entrevistas de selección, siempre habrá algún candidato que sólo podrá ser localizado en su propia casa y a un horario en el que la propia empresa ya ha concluido su jornada de trabajo; la secretaria que, al finalizar la jornada, se presenta ante su jefe con la relación de las personas ilocalizables en horas de oficina, seguramente no le será de gran ayuda. Muy distinta es la actitud de trabajo para contactar con los restantes candidatos, con lo que se demuestra haber comprendido el problema y haberse ofrecido a resolverlo.

Muy distinta, pues, será la valoración que hará el jefe de personal de ambos empleados, ya que considerará fundamental el hecho de haber encontrado a alguien que haya comprendido los problemas de su superior, sobre todo en un caso como éste, en que se presentan con toda claridad.

Siempre hay que tratar de precisar de qué modo nuestra propia colaboración puede ser decisiva para la resolución de los problemas y, si realmente creemos ser útiles a nuestro superior, es aconsejable que le ofrezcamos nuestra ayuda, sugiriéndole tal vez el modo en que podríamos hacerlo. Seguramente, nos agradecerá nuestra sensibilidad ante los problemas y, aun en el caso de que no podamos solucionarlos, le descargaremos de no poca tensión, permitiéndole analizar la situación con mayor claridad.

En resumen, **uno de los factores más decisivos a la hora de competir con nuestros colegas es la predisposición a colaborar en la vida diaria de la empresa.**

Tampoco tenemos que exagerar; si se nos ocurre una idea genial para solucionar un problema que agobia a nuestro jefe desde hace tiempo, habrá que planteársela con cautela, para no darle la sensación de que somos más ocurrentes que él. Un colaborador que haga sentir importante a su jefe tiene más posibilidades de que éste le abra puertas, que no quien le hace sentir como un estúpido. Todos los jefes tienen un *ego* muy acusado y, por lo general están muy convencidos de su inteligencia; por lo tanto, hay que conocerlo bien para no meter la pata, y no insistir con una idea propia cuando ésta no será bien recibida.

Confianza

Un jefe considerará de confianza a aquel empleado que, con independencia de si la situación es favorable o adversa, respeta siempre las iniciativas tomadas. Si se fija una fecha determinada para conseguir un determinado objetivo, deberá ponerse todo el empeño de hacerlo como se ha establecido, y no más tarde. Nuestro retraso podría generar un efecto en cadena que causara quizá, la interrupción del proyecto. Por lo tanto, tendremos que liberarnos de todos los compromisos que nos puedan impedir respetar el tiempo de realización de nuestra tarea; parece claro que el riesgo de sufrir un retraso guarda relación con la ligereza con la que hayamos juzgado la envergadura del proyecto que se nos ha confiado.

Es poco fiable una persona que se presenta habitualmente con retraso a trabajar en la oficina, a una cita o a una reunión, aduciendo cada vez una excusa diferente. Puede tolerarse un retraso, pero sólo como una excepción a la regla. Tampoco es fiable que alguien presume de estar preparado para asumir una tarea, y después se demuestra que no lo estaba. En general, es poco fiable todo aquel que no es capaz de valorar en su justa medida el encargo que se le hace, ya sea en términos de capacidad o de tiempo.

El jefe tendrá sus reservas hacia aquellos colaboradores que se muestren demasiado seguros de sus aptitudes (a menudo, se sobrevalorarán), que no piden apenas informaciones sobre el trabajo que deben desempeñar. A veces es preciso, además de lícito, pedir explicaciones suplementarias sobre los encargos que se reciben, sin tener, por ello, que abusar en este sentido.

En cambio, es contraproducente e irritante la actitud de una persona a la que hay que convencer, cada vez que se le quiere hacer un encargo, de que dispone del tiempo suficiente, que no tiene especial dificultad, que puede ultimarse en los plazos estipulados y de la manera prevista. Si siempre es útil liberar al jefe de su ansia, no podemos pretender recurrir al mecanismo contrario.

Si creemos que no podremos soportar el estrés al que estamos sometidos, tendremos que hallar el modo de descargar la tensión fuera del ambiente laboral, la actividad física ayuda a menudo a liberarnos de la tenaza de los nervios, o bien de hablar con el marido o la esposa, pero nunca con compañeros de trabajo. El jefe, en concreto, debe tener en sus colaboradores un medio de superación de problemas, y no una fuente de conflictos.

En el caso de que concluyamos un encargo antes de lo previsto, nos pondremos a su disposición para recibir nuevos encargos, sin esperar a que se nos requiera. No hay nada más embarazoso que ver como, en una misma oficina, mientras unos están ahogados de trabajo, otros están con los brazos cruzados. Esta actitud no la verá el jefe con muy buenos ojos, y menos aún los propios compañeros, los cuales no correrán en nuestra ayuda cuando nos encontremos nosotros en dificultades.

El empleado de éxito, destinado por tanto a hacer carrera, se ofrece siempre para asumir nuevos encargos y responsabilidades, sobre todo cuando en su trabajo cree entrever la posibilidad de un enriquecimiento profesional.

Flexibilidad

Cuando abordamos el tema de la flexibilidad de horario, hay que distinguir entre las grandes y las pequeñas empresas: cuanto mayores son las dimensiones de una empresa, mayor es la exigencia de estructurar el horario según unos principios claros y bien definidos. En las grandes empresas, se habla de *parcelización* del trabajo, lo cual significa que no sólo existen diversas funciones (administración, control, organización, personal, etc.), sino que dentro de cada una se produce una diversificación de tareas a menudo muy detallada.

Muy distinta es la situación de la pequeña empresa, en la cual a menudo diversas funciones pueden recaer en una única persona, mientras que otras ni siquiera existen. El caso típico es el de la función de los trabajadores que se limita a ocuparse de los aspectos derivados de la administración del personal, que se trasladan entonces a una agencia consultora externa a la empresa. También ocurre con las funciones de administración, contabilidad y control, las cuales se asignan a una sola persona, como también es el caso del ámbito comercial y de *marketing*. En las pequeñas empresas, por lo tanto, las funciones que desempeñan los empleados son menos específicas y mucho menos diversificadas. El seguimiento de los créditos corresponderá a la misma persona que se ocupa de la contabilidad, los clientes y los proveedores; el director comercial asumirá seguramente funciones de director de *marketing*. La misma flexibilidad se da a todos los nieveles: la secretaria, por ejemplo, se ocupará de la centralita telefónica, de la correspondencia, de la organización de los viajes, etc.

En las grandes empresas, a la diversificación de las tareas corresponde una estratificación de la carrera profesional a todos los niveles; en la pequeña y mediana empresa, el crecimiento es más rápido, si bien, la falta de definición de los puestos puede causar conflictos entre las personas. Parece claro, pues, que el término «flexibilidad» tiene significados a menudo muy diversos según el tipo de empresa y el contexto en el que se encuentra el empleado.

En general, se considera flexible a aquella persona que siempre está abierta a las innovaciones y que no se aferra a los viejos esquemas e instrumentos de gestión. Un colaborador es flexible cuando se muestra disponible e interesado en emplear un nuevo programa informático que le permitirá, por ejemplo, seguir las ventas de la empresa con mayor fiabilidad. Poco flexible, en cambio, será el empleado de banco que desconfía del cajero automático porque, en su opinión, deteriora el servicio al ciente; para él, seguramente, el cajero es fuente de temores y no de mejoras.

El término *flexibilidad* adquiere un significado más complejo en el caso de la pequeña y mediana empresa, donde por flexibilidad se entiende a menudo la disponibilidad a hacerse cargo de diversos problemas y funciones. En este mundo no hay sitio para quien dice: «Ésa no es mi tarea.» Aunque tuviera razón, y entre sus funciones no se hallara tal o cual cosa que ahora se le pide que haga, no es ésta la actitud que se espera de él. La actitud del jefe será muy distinta hacia quien, en cambio, le diga: «No tengo gran experiencia, pero veré qué puedo hacer», o incluso: «Es un problema nuevo para mí, y precisamente me interesa por eso. Le mantendré informado al respecto.» Dando por supuestas las connotaciones negativas de la primera respuesta, ¿cuál es el mensaje implícito en la segunda? «Me interesa promocionarme y, por lo tanto, quiero afrontar problemas nuevos para conocer mis propias posibilidades. No puedo garantizarle que encuentre la solución, porque no domino el tema, pero le informaré sobre mis gestiones. Ello demuestra mi modestia, y, por lo tanto, mi fiabilidad, pero al mismo tiempo me siento lo bastante capacitado como para afrontar la situación.»

Una actitud de este tipo responde a las expectativas de cualquier empresa, sea grande o pequeña: se trata de un empleado flexible, porque se siente predispuesto a ocuparse de nuevos aspectos laborales que trascienden su propia competencia. Cuando el jefe tenga que decidir a quién de entre sus colaboradores va a ascender, se inclinará con toda probabilidad por esta persona.

Por otro lado, hay que destacar que la persona que responde de este modo muestra una evidente propensión al riesgo. Sería, de hecho, perjudicial para su propia imagen y, por lo tanto, para su carrera, volver al día siguiente y reconocer que ha tirado la toalla. Este episodio quedaría grabado en la memoria del jefe con mayor intensidad, si cabe, que en los demás casos. Para evitar este riesgo, nuestro protagonista deberá dedicarle a su trabajo un esfuerzo y un tiempo superiores al estipulado en su contrato.

Capacidad de relación

Una empresa es, antes que un modo de trabajo, un conjunto de personas. Por tanto, es conveniente que en una empresa, sea grande o pequeña, reine un buen ambiente y exista una armonía entre los objetivos de los individuos y los del grupo.

Tener capacidad de relación significa, pues, captar la sintonía de los demás, saber establecer relaciones profesionales no sólo con el jefe, sino también con los propios compañeros. Obviamente, el lugar de trabajo no es un lugar para hacer amistades. Con algunos compañeros, seguramente trabaremos cierta comunidad de ideas, de gustos o intereses, mientras que con otros no tendremos nada en común; ello no debe, sin embargo, condicionar la disponibilidad a una eventual colaboración entre colegas.

El puesto de trabajo no es un lugar para charlar de temas personales con el compañero de mesa; ello sería visto como un gasto inútil de tiempo y energías. Además, el jefe siempre está al corriente del ambiente que reina en su sección, aunque pueda parecer a menudo distraído. Es evidente que las personas más conflictivas serán aquellas que tengan dificultad de relación, excesivamente introvertidas, intransigentes o ner-viosas.

Una de las virtudes más importantes en una persona que quiere hacer carrera directiva es la de saber motivar a los propios colaboradores; por lo tanto, si se quiere emprender este camino, hay que demostrar tener mano izquierda con todos los empleados, incluso con los más «difíciles».

Aunque la capacidad de relación es importante en cualquier puesto, parece evidente que lo será mucho más para aquella persona que deba tener un trato directo con el público. La figura del vendedor, por su propia naturaleza, debe poseer una óptima capacidad de comunicación y una buena dialéctica; pero quien se ocupa de controlar la gestión empresarial, por ejemplo, deberá saber también cómo tratar a los distintos empleados, cómo hacerles corregir determinados errores, o mejorar su efectividad. Paradójicamente, en este caso la capacidad de relación puede llegar a ser mucho más importante que en el caso del vendedor

Hay que subrayar, con todo, que la capacidad de relación o de mediación no es sinónimo de escasa decisión.

Decisión

Decisión no equivale a rigidez o a poca disponibilidad o flexibilidad. Una persona decidida es aquella que no se desanima ante las adversidades, que afronta los problemas cuando se le presentan y que tiene siempre muy claros cuáles son sus objetivos y qué debe hacer para conseguirlos. La decisión de una persona se puede evaluar de muchísimas maneras.

Es preciso, por ejemplo, obtener información abundante sobre el mercado de un determinado producto o servicio, recurriendo a revistas o informes especializados Lo más importante es no conformarse con lo que ya sabemos, de manera que demostraremos a nuestro jefe que no perdemos el ánimo y la ilusión.

Una figura que exige una buena capacidad de relación y una importante determinación es la de quien, ocupándose de la gestión, debe efectuar diversos cobros a morosos. No siempre es tarea fácil contactar con el contable de un proveedor: a menudo, hay que escuchar evasivas que retrasan los pagos durante meses. Nada de desanimarse. El empleado de cobros deberá insistir, ya sea por escrito o por teléfono, de manera que finalmente consiga hacer efectiva la factura, aunque sólo sea para que deje de insistir. En este caso, denunciar el impago notarialmente sería tanto como haber fracasado (excepto si se trata de una empresa que ha quebrado sin haber liquidado sus pagos).

En algunos casos, decisión es sinónimo de constancia. Una persona decidida es quien sólo tira la toalla tras haber usado todos los medios posibles, sin éxito.

En resumen, quien posea todas las características analizadas (confianza, flexibilidad, capacidad de relación y decisión) siempre está en disposición de ofrecer lo mejor de sí mismo en una empresa. Una actitud pasiva o excesivamente activa no son, en ningún caso, candidatas al triunfo. **Conocerse a sí mismo, las propias aptitudes y la propia personalidad, esforzándose por mejorar, es el modo más eficaz para conocer la empresa en la que se trabaja.** Como en todos los casos (la empresa es un organismo viviente), el conocimiento de lo ajeno sólo es posible a través de un intercambio: cuanto más estemos dispuestos a dar de nosotros mismos, más recibiremos.

NEGOCIAR LOS PROPIOS OBJETIVOS

Tras haber llevado a cabo un sincero examen de conciencia y haber reconocido que nuestro comportamiento se caracteriza por la confianza, la flexibilidad, la decisión y todo cuanto creemos necesario, no queda sino comprobar si nuestro jefe comparte la misma opinión. Esto equivale a decir que **no basta con desempeñar un buen trabajo, sino que hay que asegurarse de que nuestro jefe se dé cuenta y lo valore**: la modestia no es siempre una buena consejera y, en el contexto empresarial, no suele ser muy útil.

El jefe suele ser una persona muy ocupada, que asume la responsabilidad de un grupo muy numeroso de colaboradores; no siempre, además, está informado al detalle de las tareas que conciernen a cada cual, ni de la trayectoria de los empleados. Lamentablemente, es mucho más habitual que se dé cuenta de los errores que de nuestra disponibilidad constante y nuestro esfuerzo diario.

Si ocupamos un puesto de particular importancia, y de cuyos resultados nos sentimos orgullosos, será oportuno que el propio jefe esté oportunamente informado, evitando sobre todo que otro empleado se aproveche de los frutos de nuestro trabajo. Pero ¿cómo podremos hacerlo? Si no tenemos alternativa, deberemos presentarnos en la oficina de nuestro jefe, diciéndole: «Querría informarle sobre el estado de tal o cual proyecto», o bien: «Querría comunicarle los resultados de mi entrevista con...» Obviamente, deberá tratarse de alguna información significativa puesto que no podremos hacerle perder el tiempo inútilmente. No estará de más, pues, organizarse la exposición que pensamos hacer (no sólo mentalmente, sino también por escrito).

Deberemos dirigirnos a nuestro inmediato superior, puesto que **es contraproducente saltarse la jerarquía**: la persona a la que hemos ignorado se sentirá probablemente ofendida por nuestra poca consideración, y a la primera oportunidad nos lo hará pagar. Por su parte, el interlocutor al que nos hemos dirigido equivocadamente tendrá diversas reacciones, según su propia relación con su subordinado. En general, tampoco él apreciará demasiado el comportamiento de un empleado que no respeta la jerarquía laboral (si bien las cosas pueden ir de manera muy distinta).

En el caso, por ejemplo, que las relaciones entre nuestro jefe y su inmediato superior sean buenas y exista una estima recíproca tanto en el plano profesional como humano, no respetar la jerarquía será a buen seguro contraproducente. Ambos apreciarán el error y nos será difícil enmendar el fallo sin herir a uno, a otro o a ambos a la vez.

En el caso, en cambio, en que nuestro jefe aprecie a su superior pero éste no comparta sus sentimientos, resulta más difícil prever cuál será su reacción. Podría ocurrir que censurase el comportamiento de un emplea-do que no respeta la jerarquía laboral, aunque pueda comprender sus motivos (poca estima hacia el inmediato superior, compartida por él mismo).

En el caso en que, finalmente, la relación entre ellos fuera realmente mala, tanto a nivel profesional como humano, seguramente nos convertiremos en la manzana de la discordia y, por lo tanto, tendremos que afrontar una situación incómoda y difícilmente controlable. Hay que evitar por todos los medios ser un «chivo expiatorio» de personas enfrentadas.

Es fundamental, por lo tanto, **respetar siempre la jerarquía, así como cuidar con atención y asiduidad las relaciones con el ambiente exterior**. En el momento de abordar una eventual revisión contractual, además de las capacidades técnicas y profesionales que puedan tenerse, se debe poder utilizar como argumento toda una red de contactos personales que puedan interesar en un momento dado a la empresa.

La relación que un vendedor mantiene con sus clientes es, como parece lógico, el principal argumento en sus tratos con la empresa, si bien las relaciones con el exterior son fundamentales en muchos otros casos. Por ejemplo, para una secretaria de dirección será de extrema importancia la posibilidad de entablar relaciones de confianza con sus interlocutores exteriores. Es preciso, por lo tanto, presentarse como una persona imprescindible en este plano, ya que saber extender una red de relaciones no es algo que pueda improvisarse de un día para otro, sino que exige un constante esfuerzo y una dedicación continuada.

Si, por ejemplo, debemos organizar el viaje del jefe a cualquier punto del mundo, y el encargo se nos ha hecho (como suele ser habitual) en el último momento, nos será de gran utilidad el disponer de un contacto de confianza en cierta agencia de viajes con la que la empresa suele colaborar, quien asumirá el encargo y lo resolverá del mejor modo posible.

Si se nos asigna el seguimiento del contrato de mantenimiento y asistencia estipulado con una empresa proveedora de la instalación eléctrica, y los plazos previstos para el trabajo nos parecen demasiado amplios, siempre podremos conseguir un servicio más adecuado a nuestras necesidades si conocemos a tal o cual persona que trabaja en la propia empresa instaladora.

Hay que recordar, pues, que el mundo empresarial no es un mundo cerrado, sino un conjunto de elementos en el cual cada parte mantiene diversos tipos de contactos con el exterior. **Lograr los propios objetivos pasa por convencer a nuestro interlocutor de que somos indispensables para él y por lo tanto, para la empresa**. Sólo si lo conseguimos, podremos abrir nuevos espacios de negociación, aunque nunca debemos creer que sólo nosotros somos indispensables. La satisfacción de esta aspiración no puede hacerse a costa del equilibrio interno de la empresa, por lo que deberemos asegurarnos de que nuestras demandas podrán ser satisfechas dentro del marco actual de la empresa. Por ejemplo, una empresa que esté atravesando un momento difícil estará más dispuesta a otorgar autonomía de decisión o mayor flexibilidad horaria a sus empleados, que a conceder un aumento de sueldo. Si éste era nuestro objetivo, tendremos que buscarnos otra empresa. O si, por ejemplo, intuimos que está a punto de llevarse a cabo una reorganización de la empresa, en la cual nuestro jefe será víctima del cambio de mandos directivos, será inútil pedirle un aumento de sueldo o cualquier otra demanda de mejora laboral. Lo mejor será, en este caso, mantenernos a la expectativa, observando el desarrollo de los acontecimientos. Una actitud parecida la adoptará también quien, sabiéndose implicado en una eventual redistribución de funciones, no creerá oportuno tomar decisiones que no sean estrictamente indispensables.

Si nuestra demanda se refiere a una actividad de formación en la que estuviéramos interesados en participar, nos aseguraremos antes de cuál ha sido la política de la empresa en el pasado. Algunos dirigentes consideran todavía que los cursos y seminarios de formación son un gasto inútil de tiempo y de dinero con escasos frutos; otros, en cambio, los consideran muy beneficiosos desde todos los puntos de vista. Por ello, saber la opinión de nuestro jefe sobre las actividades de formación profesional será un dato precioso a la hora de dirigirle nuestra petición; aunque no hubiera una partida presupuestaria prevista para ello, si es partidario de la formación, seguramente hallará el modo de proporcionarnos los medios para realizar nuestra demanda.

En resumen, **para poder valorar los márgenes de negociación con los que contamos, es esencial poseer la mayor cantidad de información posible sobre la actitud del receptor de nuestra petición sobre la materia**. Sólo queda encontrar los argumentos que justifiquen la solicitud, lo cual quiere decir hallar la justificación que permita incluir los resultados positivos que conlleva, para el empleado y para la empresa, la concesión de nuestra demanda. También en este caso deberemos demostrar que no sólo estamos interesados por nuestros propios problemas, sino que tenemos en cuenta las circunstancias de la empresa.

Para seguir con nuestro ejemplo, imaginemos que nuestro objetivo pasa por obtener un mayor margen de autonomía y de responsabilidad. La estrategia a seguir podría pasar por subrayar el hecho de que, asumiendo nuevas funciones, liberaremos a nuestro inmediato superior de muchas tensiones, sin quitarle por ello un ápice de su poder. Al presentar la propuesta, como es lógico, tendremos que tener en cuenta la tipología de nuestro interlocutor: una persona que se encargue de centralizar el trabajo de sus empleados difícilmente acogerá con agrado una propuesta de este tipo; pero, si podemos convencerle de que nuestra colaboración no afectará a sus competencias de supervisión y control, tendremos mayores posibilidades de éxito. Mucho más sencilla será la estrategia a desplegar con un superior habituado a delegar funciones en sus empleados. En ambos casos, es esencial estar en situación de cumplir holgadamente las funciones para las que nos ofrecemos.

Suponiendo, en cambio, que nuestro objetivo sea el clásico aumento de sueldo, la estrategia podría consistir en poner de relieve cómo una mejora en la retribución estimula las ganas de trabajar y las propias ilusiones. En cualquier caso, no debemos menospreciar la capacidad ajena de nuestro jefe de darse cuenta de la jugada, lo cual puede convertirlo en un adversario. Hay que actuar, pues, con la máxima cautela, ya que el riesgo consiste no sólo en no obtener lo que ambicionamos, sino incluso en perder la confianza que ya teníamos. Por lo tanto, tendremos que proceder de modo que, antes incluso de manifestar nuestras intenciones, el propio superior reconozca su satisfacción por nuestra labor; sólo sobre esta base podremos formular peticiones del tipo: «¿Cree usted que, de acuerdo con su juicio, que parece ser positivo, sería posible estipular [un aumento de sueldo/una mayor responsabilidad/o cualquier otra cosa], sin que ello deba causar mayores problemas en la oficina?» Si su primera reacción puede interpretarse como positiva, deberemos posponer nuestra petición firme a un momento posterior, entre tres y seis meses después del primer tanteo, durante los cuales analizaremos su actitud respecto a nuestras ambiciones. Especialmente en el caso en que éstas no se refieran únicamente al aspecto retributivo, este compás de espera nos permitirá entrever la disposición de la propia empresa a negociar sobre tal o cual punto. Esta actitud, que podríamos denominar «posibilista», tiene seguramente mayor probabilidad de éxito que quien se muestra rígido en sus peticiones: sólo tras repetidos fracasos deberemos jugarnos el todo por el todo.

En el caso en que nuestra petición no hubiera sido acogida favorablemente (por ejemplo, conseguir un ascenso, asumir mayor responsabilidad o mejorar la retribución), ello no significa que la situación sea definitiva; obviamente, tendremos que trabajar duro para superar los obstáculos, pero nuestra causa no tiene que darse por perdida.

Si, tras analizar la situación con detenimiento, creemos que nuestro interlocutor no ha dedicado a nuestra petición la atención necesaria, con mayor motivo tendremos que demostrar que nuestra labor es indispensable para la empresa, volviendo a plantear el tema meses después. La entrevista deberá incluir ahora la valoración de los servicios prestados, formulando de nuevo nuestra petición e insinuando, si es el caso, que estamos dispuestos a considerar una oferta de otra empresa en el caso en que no veamos ambiciones satisfechas.

A estas alturas, probablemente nuestro interlocutor empezará a valorar la utilidad de un colaborador que se ha convertido con el tiempo en una pieza importante de la empresa; deberemos evitar el aparecer como arrogantes, puesto que corremos el riesgo de frustrar nuestras propias posibilidades de éxito. Tampoco sería beneficioso insistir demasiado en las ofertas que tenemos para cambiar de empresa, y bastará con una velada insinuación; en todo caso, será nuestro interlocutor quien recabará mayor información. Todo ello le inducirá a analizar la situación con calma, y con mucha probabilidad trasladará nuestra petición a quien corresponda; por lo menos, habremos obtenido una mayor atención a nuestras demandas.

En cualquier caso, es preciso analizar nuestra situación profesional antes de emprender esta vía de negociación; de hecho, en numerosas empresas existen normas precisas para reconducir las peticiones de los empleados. Por lo tanto, será muy útil recabar información sobre otras personas que hayan tratado de obtener mejoras parecidas, y cuál ha sido el trato que han recibido por parte de la empresa. Son numerosos los empresarios que consideran estas peticiones como «chantajes innobles», en lugar de como una consecuencia lógica de la ley de la oferta y la demanda (aplicada al mercado de trabajo, que es un mercado como cualquier otro). Por lo tanto, ¡mucho cuidado!

ALGUNOS EJEMPLOS DE CARRERA

Nicolás Guerra. Licenciado en ingeniería nuclear, 40 años

Bachillerato, rama de ciencias (Sobresaliente) año 1970.
Licenciatura en ingeniería nuclear (Matrícula de Honor, *cum laude*), año 1976. Tesis realizada en una universidad americana.

Al finalizar los estudios universitarios, Nicolás Guerra pasa dos años del siguiente modo:

— excedente de cupo del Servicio Militar;
— 3 meses de vacaciones totales;
— 3 meses de estancia en el área de Investigación+Desarrollo de una empresa del sector nuclear;
— 6 meses en París para asistir a un curso de antigüedades, con trabajos eventuales.

En 1979 asistió, gracias a una beca de estudio, al Máster en Gestión Empresarial de Fontainebleau (Francia), el mejor curso de este tipo en toda Europa.

En 1980, con 29 años, Nicolás Guerra todavía no había desempeñado seriamente ninguna actividad profesional; había dedicado todo su tiempo a actividades formativas (universidad, máster) y realizado una prueba de sus intereses profesionales (estancia I+D), apareciendo como una persona que desperdiciaba todas las oportunidades que le iban saliendo (muy numerosas en el área empresarial).

No sabía a qué dedicarse. Su objetivo era el de encontrar un trabajo que le «divirtiese». Decía: «Me pregunto qué quiero hacer. Me gusta la investigación; pero, cuando veo a otras personas que se dedican a ello, me doy cuenta de que siempre están haciendo las mismas cosas. Quizá me decida por un cargo ejecutivo, pero hay que tener cuidado: si las cosas no van bien, puedo encontrarme sin trabajo y sin posibilidades de dar marcha atrás.»

Nicolás Guerra era —y es— un personaje verdaderamente «genial», dotado de una inteligencia por encima de lo normal, pero con un gran defecto: no consigue soportar la rutina cotidiana, que acaba por afectar a todos los trabajos.

Asaltado por la pereza de tener que realizar una elección profesional (que empezaba a resultar urgente), a su vuelta del Máster en Gestión Empresarial acabó por pedir una recomendación. Un amigo de su padre quería tenerlo como su brazo derecho en su empresa. En el plazo de un año, consiguió salir de debajo del ala protectora de su padrino y asumir la responsabilidad de la planificación estratégica de la empresa (una de las más importantes del sector químico español). A los 31 años, Nicolás Guerra era un ejecutivo que ganaba un sueldo realmente muy alto. Había «hecho carrera», en el sentido habitual del término.

Con ocasión de una cena de trabajo, conoce en 1982 a un empresario que, teniendo los recursos financieros necesarios para iniciar un proyecto de creación de una empresa del sector de la maquinaria, estaba buscando un ejecutivo que estuviera dispuesto a gestionar la operación en todos sus puntos. Nicolás Guerra creyó haber encontrado, finalmente, el trabajo adecuado para él; abandonó su anterior empresa, se trasladó con la familia que había formado a una pequeña ciudad del sur (de lo cual se deduce la importancia de elegir «compañeros de vida» que compartan nuestras ideas y valores) y se lanzó a la aventura.

Tenía que empezar de cero: además de los aspectos puramente técnicos, debía aprender todo lo que se refería a la creación de una empresa (requisitos formales, personal, etc.). Estuvo a punto de arrojar la toalla en diversas ocasiones, pero finalmente logró sus fines. En 1983, la empresa estaba ya en funcionamiento; en 1984, cerró el ejercicio con pérdidas, y en 1986 consiguió los primeros beneficios.

Nicolás Guerra era el director general de una empresa mediana de la España meridional, ganaba un poco más que en su anterior puesto, ya no asistía a congresos y seminarios, pero estaba firmemente convencido de haber hecho carrera.

En 1988 recibió de un banco inglés la oferta de ocuparse de las actuaciones de reestructuración empresarial (una empresa en crisis pasa a manos del banco acreedor, el cual coloca a su propio director para sacarla del atolladero). Decide aceptar la oferta, además de hacerse socio accionista de la empresa anterior (puesto que había pactado una participación en la empresa cuando se obtuvieron buenos resultados) y poner en su lugar a un hombre de su confianza.

Hoy, con 40 años, Nicolás Guerra es uno de los ejecutivos más importantes del sector; ha vuelto con su familia a su región de origen y, cuando se le oye hablar, se diría que se divierte con su trabajo.

La programación y planificación de su vida profesional, aunque se haya producido bastante más tarde de lo que resulta aconsejable, se ha demostrado como un factor de éxito.

Luisa Crespo. Título de contabilidad, 35 años

Título de contabilidad, año 1975.
Curso de posgrado de fiscalidad, año 1976.
Seis meses en busca de un puesto en el área de administración de personal de una empresa.

A los 21 años, Luisa Crespo entró en el bufete de un gestor laboral, en calidad de empleada de la sección contable.

A los 23 años se casó, y a los 24 tuvo un hijo. Durante ese tiempo, su actividad profesional prácticamente fue la misma.

Su sueldo había aumentado en razón a su antigüedad y, al reincorporarse a su puesto tras la maternidad, se dio cuenta de que la habían dejado sin las partes más interesantes de su trabajo. Además, le desagradaba dejar a su hijo con la canguro, y la guardería de la empresa estaba demasiado lejos de su oficina.

Luisa Crespo se estaba planteando dejar de trabjar, a pesar de que le horrorizaba renunciar al compromiso que había contraído consigo misma de seguir haciéndolo (para no correr el riesgo de encontrarse sola, con hijos y sin trabajo). Le sorprendía, además, la actitud de su jefe, que además de sustraerle la mayor parte de sus funciones, se ocupaba muy poco de su oficina, al haber aceptado otro trabajo en una administración municipal. Luisa sospechaba que la oficina cerraría en pocos meses.

Mientras reflexionaba sobre estos temas, le cayó entre las manos un informe de la sección de contabilidad de una empresa mediana de 40 empleados. Había tenido oportunidad de conocer a su propietario, y le había causado una buena impresión. Sabía, además, que la gestión contable de sus empleados le salía bastante cara.

Concertó una cita con el propietario de la empresa y le propuso hacerse cargo de toda la sección de contabilidad en calidad de colaboradora a tiempo parcial. De este modo, la empresa se ahorraba mucho dinero y Luisa Crespo podría armonizar su trabajo con sus exigencias personales. Para no parecer una persona sin escrúpulos y no quedar mal con su propia empresa, propuso esperar unos seis meses para ver cómo iban las cosas en su oficina.

Transcurridos tres meses, el gestor decidió cerrar la oficina. Luisa Crespo llamó por teléfono al empresario que, durante ese tiempo, se había mostrado muy interesado en su propuesta y, al cabo de una semana, ya había tomado posesión de su nuevo puesto. Durante 3 años se ocupó de la contabilidad de la empresa, con un contrato a tiempo parcial. Sucesivamente, y habiéndose mostrado dispuesta a firmar un contrato a tiempo completo (su hijo ya iba a la escuela), además de manifestar una buena capacitación profesional, obtuvo el puesto de ayudante del direc-tor administrativo.

En 1986, con 30 años, tuvo otro hijo; además de desearlo, había considerado que con su sueldo podría pagar una canguro para todo el día. Permaneció de baja los 4 meses previsto por la ley, que coincidieron con los meses de verano, por lo cual la empresa no se resintió de su ausencia.

Hoy, Luisa Crespo, 35 años, tiene dos hijos en edad escolar y es probable que asuma en breve, el puesto de responsable administrativa de su empresa, al estar el actual director en edad de jubilarse.

Luisa Crespo es consciente de que no hubiera logrado hacer carrera, de la cual se siente muy satisfecha, si no hubiese emprendido un camino peligroso, que incluso le podía haber reportado el despido fulminante. También está satisfecha porque cree (con justicia) haberse comportado siempre de un modo correcto con sus superiores.

Luisa Crespo no era, ni tampoco lo es hoy en día, una «trepadora» agresiva, ni tampoco una mujer «de negocios» en el sentido peyorativo del término. Al contrario, es más bien una persona tímida e introvertida, aunque hay que reconocerle una excelente capacidad de iniciativa y de riesgo (que se encuentra, por otro lado, en la base de muchas elecciones que acaban por verse refrendadas por el éxito).

5

¿Es el hombre artífice de su destino?

De las páginas precedentes se desprende que la búsqueda del trabajo ideal y la carrera empresarial no son de hecho simples, sino que exigen un esfuerzo continuado y pueden llegar a resultar más cansados que el propio trabajo. Por este motivo, se ha intentado prestar mayor atención a los aspectos comportamentales e individuales que a los aspectos meramente técnicos (los cuales se dan por descontado, por cuanto nadie debería arriesgarse a buscar un oficio sin tener unos conocimientos básicos). Quien no posea la suficiente determinación, no conseguirá hacer carrera ni hallar su trabajo ideal: si fuera así, se debería únicamente a la buena suerte o a una recomendación muy oportuna.

Quien, en cambio, posea decisión, flexibilidad, capacidad de relacionarse con otras personas, además de unas aptitutdes suficientes para el desempeño de un determinado trabajo, tendrá éxito con suma probabilidad; tal vez cometa errores y deba esforzarse al principio, pero a la larga obtendrá mayores satisfacciones.

En este sentido, se puede afirmar que el hombre es artífice de su destino, y especialmente de su destino profesional. En los demás campos de la vida (amor, familia, amigos, etc.), participan factores que seguramente son menos controlables. En el ámbito laboral, es más fácil programarse, decidir una línea de conducta y, en cada caso, existen varias alternativas que, en cambio, no siempre se presentan en otras parcelas de la vida.

Cuando pasé de empleada de una de las mayores agencias consultoras de Génova al ámbito empresarial, lo hice guiada por varias razones, entre las cuales se encuentran las siguientes:

1. Estaba convencida hasta lo más profundo de querer desarrollar una actividad que en Italia todavía encontraba resistencias.

2. Además, creía no haber encontrado una filosofía empresarial que correspondiera a mis valores personales.
3. Encontré diversas personas que, aun estando de acuerdo con mis ideas, no poseían el tiempo para ayudarme directamente; por ello, me facilitaron los medios para llevar mi iniciativa adelante.
4. Estaba convencida, de un modo irracional para algunas personas, de que la idea podía funcionar y de que, además de realizar un servicio útil, me permitiría ganar un sueldo parecido al de mis anteriores ocupaciones.
5. Verifiqué lo que había sospechado durante mucho tiempo: que no puedo (lo señalo como un defecto, y no como una virtud) recibir órdenes de otras personas si no estoy de acuerdo con ellas (en otro tiempo se decía «no saber obedecer»).

En virtud de estos cinco elementos, he podido desarrollar, junto a otras personas, la actividad que me ha permitido escribir este libro: el trato con numerosas personas que se han dirigido a mi empresa para planificar su propia vida profesional se encuentra en la base de las reflexiones que aquí se han expuesto, a menudo con ejemplos sacados de la vida real.

Antes de realizar una reflexión final, me parece útil hacer un resumen de cuanto se ha dicho hasta ahora.

EN BUSCA DEL TRABAJO IDEAL

Buscar el trabajo ideal significa, ante todo, analizar cuáles son las características de mi personalidad, qué conocimientos he adquirido durante mis estudios y mi experiencia profesional y cuáles son mis objetivos en la vida. Sólo cuando tenga claros estos puntos, utilizando, por ejemplo, el sistema del **proyecto profesional**, podré disponer de una idea más precisa del trabajo que debo buscar, la cual es una de las operaciones más complejas de la vida de un ser humano. Considerando que, de cualquier modo, es una operación que se realiza en todos los casos, incluso en el de la mujer que decide ser ama de casa (puesto que se trata de un trabajo como otro cualquiera), cabe llevarla a cabo con inteligencia, ponderando todos los elementos que estén a nuestro alcance. Se comete un gravísimo error si se empieza a trabajar en un determinado puesto por casualidad, puesto que con 35 años tras una década de trabajo, nos daremos cuenta de haber tomado un camino equivocado. A esas alturas, sería casi imposible volverse atrás. Por lo tanto, es mejor «perder» unos meses cuando se tiene 20 años buscando y analizando diversas oportunidades de trabajo, aunque ello pueda reportarnos cansancio y tensión (por ejemplo, en el seno de la propia familia).

(Siempre me ha sorprendido, y me continúa sorprendiendo, que ciertos jóvenes que se dirigen a mi agencia, ante la pregunta: «¿Qué es lo que deseas hacer?», me respondan: «No lo he pensado» o, si vienen con sus padres, prefieran que sean ellos los que contesten. Normalmente, dirán: «Mire, lo importante es que encuentre un trabajo», con un tono de voz que da a entender que encontrar un trabajo es, en la actualidad, como si te tocara la lotería.)

No es verdad: **encontrar un trabajo es difícil sólo para quien busca dinero y tranquilidad. Encontrar un trabajo es el fruto de una búsqueda atenta e inteligente de las mejores oportunidades, aunque se trate de una búsqueda agotadora.**

Encontrar el trabajo ideal es como reconstruir un *puzzle*: hay que conjuntar las piezas que se refieren a uno mismo (capacidad, aptitudes, límites), las que se refieren al mercado de trabajo (exigencias empresariales, perfiles profesionales) y las que conciernen a nuestro trato con los demás (buenas relaciones personales, capacidad de mando, etc.). Cuando el *puzzle* ya está completo, habremos encontrado nuestro trabajo ideal, y la imagen resultante tendrá necesariamente que gustarnos. Si no es así, deberemos empezar de nuevo.

Probablemente, el trabajo ideal no será sencillo, sino, justo por ser ideal, complicado. (Debo reconocer que a menudo he tenido que arrepentirme de mi elección empresarial: ansiedad laboral, estrés, inseguridad, ingresos irregulares; sin embargo, siempre he seguido adelante con la moral alta y, aunque gano menos que antes y seguramente tengo menos seguridad en mí misma, estoy convencida de haber hecho carrera: he aprendido muchas cosas, y he reconocido en mí una serie de capacidades que hasta entonces desconocía. El concepto de *carrera*, realmente, es muy subjetivo: estoy convencida de que muchas personas piensan que mi elección es fruto de la locura, sobre todo en una ciudad como Génova, que desde hace años está en crisis.)

Cuando una persona comprende, aunque sólo sea desde el punto de vista teórico, cuál es su trabajo ideal, debe concurrir en el mercado de trabajo con seguridad: autocandidatura, anuncios, recomendaciones (haciendo un buen uso de ella, claro): **todos los medios lícitos deben ser tenidos en cuenta, cuando se trata de encontrar el traba-   jo ideal, y todos deben usarse al mismo tiempo.** Es casi imposible no sacar resultado alguno. Si, con todo, tras 6 meses de intensos esfuerzos en busca de trabajo, no obtenemos ninguna respuesta, es oportuno:

— no caer en una crisis de identidad, ni dejarse vencer por el cansancio nervioso;
— no aceptar un trabajo cualquiera, si no es con la convicción de que «lo acepto en espea de lograr el que me interesa»;
— reflexionar detenidamente sobre todos los pasos efectuados, por si hemos cometido algún error;
— empezar de nuevo toda la operaicón, sin perder el entusiasmo ni nuestra determinación.

Si, en cambio, como sucede en el 60 % de los casos, empezamos a recibir convocatorias por parte de las empresas a las que nos hemos dirigido, tendremos que preparar escrupulosamente las entrevistas y distintos ejercicios que deberemos superar en la fase de selección, ya comentados en los capítulos precedentes.

Para que nuestros contactos con el mundo empresarial sea exitoso, tendremos que **«vendernos al mejor postor»**, lo cual a menudo no significa que sea la mejor oferta (por lo tanto, **no siempre el mejor postor es el que está dispuesto a pagar más**).

Esta afirmación se confirma, sobre todo, en el caso de los jóvenes que buscan su primer empleo: el mejor postor será aquella empresa que le permita adquirir cierta experiencia, un cierto bagaje profesional. Hay que desconfiar de quien nos ofrezca unos beneficios inmediatos y un trabajo demasiado fácil.

Por lo que se refiere a las personas que ya poseen cierta experiencia en el mundo laboral, la retribución puede suponer un parámetro ciertamente importante en sus expectativas de promoción: la empresa que pagará más será la que valore la experiencia profesional acumulada por el individuo anteriormente. De todos modos, **la retribución no es el único factor importante en la elección de un trabajo, sino sólo uno de los elementos a tener en cuenta**.

Otros factores igualmente importantes ya se han señalado al principio de este libro:

— la posibilidad de adquirir autonomía y responsabilidad;
— la flexibilidad de horario y la posibilidad de organizar el trabajo de forma independiente;
— el ambiente de trabajo (colega, lugar de trabajo, etc.).

Para que una carrera se pueda llamar así, *carrera*, es necesario que todos los elementos analizados se vean coronados por el éxito. Una persona que tenga un sueldo elevado pero que, en cambio, carezca de la más mínima autonomía, será seguramente un monigote en manos de sus compañeros, del que no podremos decir que haya hecho carrera; quien trabaja en un ambiente agradable y mantiene buenas relaciones perso-nales con sus colegas, pero no puede organizar su trabajo de manera autónoma, se habrá equivocado al plantear su relación con sus suspe-riores.

Cuando decidamos hacer un balance de nuestra carrera y de nuestra propia vida profesional, deberemos abordar todos estos puntos, relacionándolos entre sí para descubrir eventuales incoherencias y poder repararlas. Por ello, es fundamental haberse trazado un proyecto profesional al principio de la carrera, en el cual figurarán nuestros objetivos a corto, medio y largo plazo (3, 5 y 10 años). Así se podrá evaluar en todo momento en qué punto nos encontramos de nuestra propia carrera, y qué hemos conseguido de cuanto nos planteamos al principio.

Un joven licenciado en medicina, por ejemplo, podrá definir como objetivo a corto plazo el especializarse en una determinada materia, a medio plazo, el entrar como ayudante en una unidad médica, y a largo plazo, responsabilizarse de ella. Dada la situación actual del sector médico y hospitalario, el joven médico deberá analizar:

— si necesita una recomendación para entrar en la especialidad de su elección (por lo que parece, suele ser útil para las especialidades de oftalmología, odontología y pediatría, pero no en cambio en la de cirugía u otras);
— si los concursos de ayudante son frecuentes, o bien si es necesaria una formación complementaria en el extranjero que otorgue una mayor puntuación;
— si los concursos de responsable de unidad son habituales, o bien es mejor presentarse en otra ciudad y luego solicitar el traslado.

Conozco un joven médico, bastante brillante, que, sin recomendación alguna, tras un año en el extranjero y habiéndose presentado a un concurso en otra ciudad, ha logado la plaza de responsable de unidad con 30 años (el más joven de toda la región). Sólo tiene un problema: es demasiado joven para poder pensar en ser responsable de unidad en el hospital de su propia ciudad, que es la capital de la región. Antes que él hay muchos otros ayudantes esperando su turno, de mayor edad y con mayor derecho a obtener esa plaza. El joven médico, pues, se encuentra ante un dilemea: ha desarrollado una buena carrera, cumpliendo todos los objetivos que se había propuesto y obtenido grandes satisfacciones laborales; pero, por el momento, no puede volver a su ciudad, y ello le crea no pocos problemas en su vida diaria. Recientemente, me comentaba: «O llego a responsable a los 38 años, o cambio de oficio», lo cual expresa con claridad cuál es su proyecto profesional. Tendrá que analizar, además, qué cambios reportará esta decisión a su vida y a qué compromisos, inevitablemente, deberá renunciar.

Este ejemplo nos permite pasar a comentar el tema de los vastos compromisos que todos debemos adquirir a lo largo de nuestra carrera profesional, sin olvidar que existen muchos otros aspectos fundamentales referidos a nuestra vida cotidiana.

La carrera exitosa es aquella que no se refiere al hombre sólo como trabajador, sino como persona. Una carrera no sería tal si reportara perjuicios en otros aspectos de la vida. El profesional de prestigio que, para lograr fama y poder, ha tenido que renunciar a ver crecer a sus hijos, no ha hecho carrera; el ejecutivo que, estando siempre de viaje, no posee un hogar propio, no ha hecho carrera; la mujer que, dedicándose al mundo de los negocios, no ha conseguido compaginar su trabajo con su vida familiar, resultando de ello un grave sentimiento de culpa, no ha hecho carrera.

La verdadera carrera es aquella en la cual se han logrado armonizar los propios objetivos profesionales con el desarrollo integral de la persona y de sus intereses extraprofesionales. Para lograrlo, es absolutamente necesario someterse a ciertos compromisos, atribuyendo un valor justo a todo lo que respecta a la persona, entendida como un conjunto. Respecto a los anteriores ejemplos, hará carrera quien prefiera quedarse junto a sus hijos, a aceptar un ascenso, que le obligaría a fijar su residencia en el extranjero (aunque el traslado de toda la familia resultara imposible). Por este motivo, es importante que la elección de nuestros compañeros de vida (amigos, marido, mujer, etc.), que habitualmente se realiza a una edad temprana, tenga en cuenta los objetivos profesionales que nos hemos propuesto. La mujer que desee desarrollar una cierta actividad profesional cometerá un error uniéndose a un hombre el cual, en cambio, crea fundamental que permanezca en casa cuando nazca el primer hijo. De igual modo, el hombre que considera como primordial en su vida obtener cierto nivel profesional, se equivocará al elegir una mujer que no esté dispuesta a eventuales traslados lejos de su ciudad de origen. Desgraciadamente, cuando realizamos estas elecciones personales todavía no teníamos muy claro cuáles eran nuestros objetivos profesionales, y nos encontramos entonces que con 30 o 40 años debemos tomar decisiones drásticas y a menudo dolorosas (pues conllevan renunciar a ciertas cosas importantes).

Por ello, **es absolutamene indispensable elaborar un proyecto profesional que tenga en cuenta todo aquello que afecte de un modo u otro nuestra vida futura.** Si no nos encontramos al principio de nuestra carrera, es conveniente realizar un balance de nuestra situación profesional y programar el futuro, **teniendo presente en todo momento que podemos vernos obligados a mantener ciertos compromisos personales.**

En este sentido, el hombre es ciertamente artífice de su destino. Por lo tanto, se equivoca quien atribuye la responsabilidad de sus éxitos o sus fracasos a terceros o a acontecimientos externos. Es evidente que todo lo que ocurre a nuestro alrededor influye en nuestra historia profesional y humana, pero la decisión de cada cual y la programación de los propios objetivos, evaluando los medios para conseguirlos, representan los elementos esenciales y fundamentales para poder, realmente, hacer carrera. Como demuestran las páginas anteriores, existen instrumentos válidos para realizar este tipo de programación, y su uso atento tendrá como consecuencia un aumento considerable de las probabilidades de tener éxito, y no sólo desde el punto de vista profesional.

En síntesis:

Encontrar el trabajo ideal significa:

- Conocer nuestras propias capacidades, aptitudes y conocimientos, sin dejar de lado nuestros propios límites, vínculos y defectos personales.
- Utilizar inteligentemente todos los medios de los que dispongamos, programando con antelación nuestros objetivos profesionales.
- Encontrar el trabajo ideal significa «vender» nuestras capacidades al comprador más interesante, y no al que pague más.

Hacer carrera significa:

- Reflexionar sobre nuestra situación laboral presente, poniendo de relieve tanto los puntos fuertes como los débiles.
- Aceptarse a sí mismo para lo bueno y para lo malo, valorando de qué oportunidades disponemos y cuáles debemos obtener.
- Analizar con atención cuáles son los valores y las capacidades que las empresas prefieren.
- Aprender a establecer buenas relaciones personales, adquiriendo una óptima capacidad de negociación.
- Encontrar el equilibrio entre trabajo y vida cotidiana.

Para hallar el trabajo ideal y hacer carrera hay que ser, ante todo, uno mismo, potenciando los aspectos positivos y modificando, en la medida de lo posible, los negativos; **programar con detalle la propia trayectoria profesional**, recurriendo a todos los medios lícitos de los que dispongamos, y **emprender toda actividad con entusiasmo y responsabilidad**.

Índice

www.ingramcontent.com/pod-product-compliance
Lightning Source LLC
Chambersburg PA
CBHW051337200326

41519CB00026B/7456